Cornelia Staudacher
Vaterlose Töchter

Cornelia Staudacher

Vaterlose Töchter

Kriegskinder zwischen Freiheit und Anpassung

Porträts

Arche

Inhalt

Vorwort

ende

mein vater
der fremde Mann
der klippenfisch
mit dem hahnenkamm
springt
in die sonne
steil
vorbei
schon lang vorbei
sein rosaroter
hahnenschrei

Elfriede Jelinek, 1968

D as »Niemandsland der Familie«, von dem Malte Ludin spricht, der Regisseur des Films *2 oder 3 Dinge, die ich von ihm weiß* über die Nazivergangenheit seines Vaters und die Vergangenheitsbewältigung in seiner Familie, ist ein weites, großenteils noch unbeackertes Feld. Sichtbarer Ausdruck dieses Niemandslands sind Bilder, Fotos, Briefe, Postkarten, Tagebücher und vieles mehr, die, verpackt in einer Kiste, manchmal auch in einem alten, ausrangierten Schrank, in den hintersten Ecken des Dachbodens verstaut sind. Sie können zwar für lange Zeit in Vergessenheit geraten, aber eines unvorhergesehenen Tages melden sie sich wieder zu Wort. Denn all das Verschwiegene, Verdrängte, Beunruhigende, aus dem sich das Niemandsland zusammensetzt und über das die Familie nicht gern spricht, ist doch soweit Teil der Geschichte einer Familie, als es unmöglich ist, sich seiner endgültig zu entledigen. Als wesentlicher Bestandteil der Familiengeschichte ist es auch Bestandteil der Identität jedes einzelnen Familienmitglieds.

Oft geschieht es nach Todesfällen, bei Haushaltsauflösungen oder Nachlaßübergaben, im gesellschaftlichen Bereich in der Folge von historischen Wendepunkten, wie es der 8. Mai 1945, aber auch der 9. November 1989 waren, daß solche Kisten geöffnet werden und den Blick frei geben auf ihren beunruhigenden Inhalt. Der letzte große geschichtliche Wendepunkt, der Fall der Mauer, der viele bisher unter Verschluß gehaltene Archive zugänglich machte, war der Auslöser für eine Schwemme an Dokumentations- und Erinnerungsliteratur über die Kriegs- und Nachkriegszeit.

Ein Blick auf die Neuerscheinungen der letzten zwei Jahre sowohl im belletristischen als auch im Sachbuchbereich zeigt, daß es nun zum Teil die Enkel sind, die sich zeitgeschichtlichen Themen aus der jüngsten deutschen Vergangenheit widmen, mit weniger Befangenheit und Berührungsangst als die Generation der während oder unmittelbar nach dem Krieg geborenen Kinder der Opfer oder der Täter. Wünschelrutengängern gleich, sondieren sie das Terrain und beginnen, zu fragen und zu recherchieren, wo immer sie auf Bemerkenswertes, Fragwürdiges und Beunruhigendes im Familien- und Freundeskreis stoßen. Wobei der

Generationenwechsel auch einen Paradigmenwechsel zur Folge hat, der sich in einer neuen, teilweise kontroversen Sicht auf Themen wie Flucht und Vertreibung, den alliierten Bombenkrieg und Opfer- und Täterbiographien niederschlägt. Immer wird in ihnen Zeitgeschichte erfahrbar in der gegenseitigen Durchdringung von wissenschaftlicher Analyse und individueller, subjektiver Erfahrung.

Als »Mosaikbiograph« und »Splitterchronist« verstand sich der Schriftsteller Wolfdietrich Schnurre, dessen Geschichten über den Alltag in seiner Kindheit in den zwanziger Jahren und über seine Kriegserlebnisse den Nerv der Nachkriegszeit trafen. Während sie zu seinen Lebzeiten viel gelesen wurden, sind sie heute in Vergessenheit geraten. Aus autobiographischen Splittern formte er in seinen Geschichten das Bild einer Epoche, von der bis zum heutigen Tag eine so große Beunruhigung ausgeht, daß sie in weiten Teilen noch immer als »Niemandsland« bezeichnet werden kann. Auch die hier versammelten Lebensgeschichten sind chronistische und biographische Splitter und Mosaiksteinchen, die zur Vervollständigung des Gesamttableaus der Kriegs- und Nachkriegszeit beitragen – im Sinne eines Erinnerns als »willentliche Selbstbeunruhigung«, für das Malte Ludin eindringlich plädiert.

Vaterlose Gesellschaft

Es entbehrt nicht einer tragischen Ironie, daß das 20. Jahrhundert, das Deutschland durch zwei Weltkriege in die politische, wirtschaftliche und kulturelle Katastrophe gestürzt und einen Zivilisationsbruch ungekannten Ausmaßes in Europa bewirkt hat, an seinem Beginn zum »Jahrhundert des Kindes« deklariert wurde. So hieß ein pädagogisches Standardwerk der Schwedin Ellen Key, das zu Beginn des 20. Jahrhunderts herauskam (dt. 1902) und durchdrungen war von einem auf den naturwissenschaftlichen und technischen Errungenschaften basierenden Fortschrittsglauben, der in der Zeit um die Jahrhundertwende vom 19. zum 20. Jahrhundert weit verbreitet war. Die Pädagogin und Schriftstellerin Ellen Key, die in den 1950er Jahren noch einen Namen in der Pädagogik hatte, heute jedoch weitgehend in Vergessenheit geraten ist, vertrat darin die Hoffnung, daß die pädagogischen, psychologischen und medizinischen Erkenntnisse auch der Befreiung des Kindes zugute kommen und es aus seiner zweitrangigen Position als kleiner Erwachsener und damit noch nicht vollwertiger Mensch befreien könnten.

Ein Jahrhundert später, an der Wende vom 20. zum 21. Jahrhundert, zeigt sich, daß ebendieses 20. Jahrhundert in Europa mit seinen beiden großen Kriegen und Millionen geopferten Soldaten eher als ein Jahrhundert einer »vaterlosen Gesellschaft« bezeichnet werden muß, ein Jahrhundert, das gerade Kindern und Jugendlichen durch die vielen, dem Krieg zum Opfer gefallenen Väter übel mitgespielt hat.

Der Begriff der »vaterlosen Gesellschaft« taucht zum erstenmal unmittelbar nach dem Ersten Weltkrieg im Jahr 1919 auf. In einem fast als visionär zu bezeichnenden Aufsatz wies Paul Federn, ein Schüler Freuds, auf die Gefahr der Verführbarkeit einer durch den Krieg vaterlos und durch die wirtschaftlichen und politischen Unruhen nach dem Ersten Weltkrieg orientierungslos gewordenen Jugend hin, der das bis dahin gültige Bild eines verehrungswürdigen, autoritären Vaters abhanden gekommen sei. Als sähe er die Gefahr voraus, warnte er vor einer der vaterlosen Jugend geeignet erscheinenden, plötzlich am Horizont auftauchenden Person, einem Ersatz-»Vater einer vaterlosen Gesellschaft«: ein Despot, ein Diktator, wie er sich in Hitler fand, der Deutschland in die Katastrophe ritt.

Nach dem Ende des Zweiten Weltkriegs ist es Alexander Mitscherlich, der die möglichen Folgen des Zerfalls der »Hierarchie der Vaterrolle« erneut thematisiert. In seiner 1963 erschienenen sozialpsychologischen Ideen-Studie *Auf dem Weg zur vaterlosen Gesellschaft* prognostiziert er ein Konfliktpotential, das sich in neurotischen Verhaltensweisen, in Depressionen, Angstzuständen, Zerstörungswut und Gewaltphantasien niederzuschlagen drohe. Mitscherlichs Studie erhält ihre Brisanz angesichts der gesellschaftlichen Realität: Ende der 1940er Jahre gab es in Deutschland mehr als 1,5 Millionen Kinder, deren Väter im Zweiten Weltkrieg gefallen, vermißt oder in der Gefangenschaft gestorben waren. Man geht davon aus, daß nach dem Ende des Zweiten Weltkriegs jedes fünfte Kind vaterlos aufgewachsen ist.

Nachkriegszeit und Wirtschaftswunder

Bombenkrieg, Vertreibung und schließlich der Zusammenbruch hatten die deutsche Gesellschaft in einen Ausnahmezustand versetzt, aus dem sie sich nur unter Aufbietung aller Kräfte befreien konnte. Not und Zerstörung waren groß. Der Hunger und die Obdachlosigkeit erschwerten den täglichen Kampf ums Überleben und erschütterten die althergebrachten Moralvorstellungen. Das neue Leben, das in beiden Teilen Deutschlands aus und auf den Ruinen entstand, bedurfte einer großen Opfer- und

11

der Einsatzbereitschaft jedes einzelnen. Aber die Sehnsucht nach einer Normalität war groß und befähigte die Überlebenden zu gewaltigen Kraftanstrengungen. Zunächst mußten die unmittelbaren Kriegsfolgen beseitigt werden. Die Städte, die zu riesigen Ruinenlandschaften geworden waren, mußten von Trümmern geräumt werden, um Notquartiere, später neue Wohnhäuser errichten zu können. Die Trümmerfrauen leisteten Ungeheures in diesen Jahren. Spät, erst nach der Wiedervereinigung in den 1990er Jahren, als viele von ihnen schon nicht mehr am Leben waren, erfuhren sie die ihnen angemessene Würdigung und wurden als Verkörperung des Überlebenswillens, der Durchhaltekraft und Einsatzbereitschaft der Deutschen in der Nachkriegszeit und daran anschließenden Aufbauphase gefeiert.

Nachdem man den Krieg und die unmittelbare, an Not und Entbehrungen reiche Nachkriegszeit überstanden hatte, bemächtigte sich der in der Bundesrepublik lebenden Deutschen ein Selbstbehauptungswille, der von der Überzeugung getragen wurde, daß es nur aufwärtsgehen konnte. Unter den Zuversicht verbreitenden, altväterlichen Ermutigungsreden des Bundeskanzlers Konrad Adenauer und den optimistischen Parolen eines wohlgenährten, Zigarren paffenden Wirtschaftsministers Ludwig Ehrhard begann ein gesteigerter Wiederaufbau und ein wirtschaftlicher Aufschwung, der binnen weniger Jahre Deutschland zu einer neuen führenden Wirtschaftsmacht in Europa machte.

Es ging in der Tat sehr vielen sehr schnell sehr viel besser. *Das ist das Wirtschaftswunder*, sang Wolfgang Neuss zu Beginn der 1960er Jahre im rasanten, den Deutschen noch vertrauten Marschrhythmus mit unverhohlen sarkastischem Unterton, als ahnte er bereits, in welch gigantomanische Konsumsphären dieser unaufhaltsame Aufschwung einmal führen würde.

Die geistige Bewältigung der Vergangenheit aber fiel der Aufbruchstimmung und Aufbauarbeit zum Opfer. Obwohl Kriegsversehrte, Flüchtlinge und Vertriebene, ehemalige KZ-Häftlinge und Zwangsarbeiter zu Millionen unter den Deutschen lebten, spielte die Aufarbeitung der individuellen Schicksale und persönlichen Erschütterungen keine wesentliche Rolle. Von den seelischen Verletzungen und mentalen Verwerfungen, die der Krieg und die zwölfjährige Nazidiktatur bei den Menschen hinterlassen hatten, wollte man nichts hören. Die Auseinandersetzung mit den Verbrechen der Vergangenheit, mit Tätern und Opfern, die manchmal Seite an Seite lebten, begann erst spät und sehr zögerlich. Die Frage einer kollektiven Schuld war obsolet, der Wunsch nach Aufklärung und Aufarbeitung der Verbrechen gering. Im Gegenteil, ehemalige Täter kamen erneut zu Amt und Würden, und bis Ende der 1950er Jahre bestand die weitverbreitete Neigung, die »Männer des 20. Juli« und jede andere Form des Widerstands gegen Hitler als Vaterlandsverrat zu diffamieren.

Die Gedächtnislosigkeit und Dumpfheit, die mit dem in den 1950er Jahren herrschenden Pragmatismus und oberflächlichen Optimismus einherging, machten diese Zeit des Aufschwungs zu einer »bleiernen«, einer gedanken- und gefühllosen Zeit. Die Deutschen westlich der Mauer weigerten sich fast geschlossen, sich mit den wenige Jahre zurückliegenden Verbrechen auseinanderzusetzen. Die allgemeine Sprachlosigkeit, was die zwölf Jahre der Nazidiktatur betraf, legte sich wie Firnis über das Land. Sie betraf Opfer und Täter gleichermaßen. Auch die, die unter den Folgen des Krieges und der Diktatur gelitten hatten, wurden zum Schweigen verurteilt. Es wollte niemand etwas damit zu tun gehabt haben, als wäre niemand dabeigewesen.

Die Unfähigkeit zu trauern betitelten Alexander und Margarete Mitscherlich ihre 1967 erschienene Studie über das kollektive gesellschaftliche Verhalten in der Bundesrepublik der Nachkriegszeit, in der sie den Umgang der Menschen mit der nationalsozialistischen Vergangenheit analysieren. Sie sprechen von einer »Entwirklichung«, einer »Derealisation« der Gesellschaft. Im Vordergrund der Konfrontation mit der Schuld stand ihrer Meinung nach nicht die Empathie mit den Leiden der Opfer von Naziterror und Krieg oder deren Hinterbliebenen, sondern die Erfahrung des Verlusts des Selbstwertgefühls, eine narzißtische Ich-Kränkung, die, wie sie weiter unter Bezug auf die Psychoanalyse ausführen, unter normalen Bedingungen in die Melancholie führt. Der »psychische Immobilismus« der bundesrepublikanischen Gesellschaft aber war keine melancholische Erstarrung, sondern im Gegenteil das Ergebnis von Abwehr der Melancholie und der drohenden Schuld- und Angstgefühle: »Die Bundesrepublik ist nicht in Melancholie verfallen, das Kollektiv all derer, die einen ›idealen Führer‹ verloren hatten, den Repräsentanten eines gemeinsamen Ich-Ideals, konnte der eigenen Entwertung dadurch entgehen, daß es alle affektiven Brükken zur unmittelbar hinter ihnen liegenden Vergangenheit abbrach.«

Entsprechend dem geistig-politischen Klima, das in der Bundesrepublik fast zwei Jahrzehnte lang von den Konservativen bestimmt wurde, hielt die Gesellschaft an überkommenen Konventionen, Idealen, Wert- und Moralvorstellungen fest, die noch aus der Kaiserzeit stammten und während der NS-Zeit evaluiert worden waren. Zu den meistgepriesenen Tugenden einer alten Traditionen verpflichteten Erziehung gehörten Gewissenhaftigkeit, Wohlerzogenheit und Treue, Pflichtbewußtsein, Fleiß und Pünktlichkeit, Sauberkeit, Sittlichkeit und Ordentlichkeit. »Wir Deutschen müssen weiter so fleißig, gewissenhaft und treu sein, damit auch 1961 ein gutes Jahr wird«, verkündete Konrad Adenauer in seiner Silvesteransprache 1960. Daß alle diese Tugenden in die neue Zeit übernommen werden sollten, ohne auf ihre Tauglichkeit hinterfragt zu werden, aber auch der herrisch-gebieterische Gestus rief in den Jahren nach 1968 die Studentenbewegung auf den Plan, die sich gegen die in unterschiedlicher Weise mit dem Nationalsozialismus verstrickte Vätergeneration auflehnte.

Konventionen, Manieren, besonders Tischmanieren, und Höflichkeitsfloskeln waren in den 1950er Jahren von großer Wichtigkeit. Es gab eine Menge sogenannter Benimmbücher, das bekannteste unter ihnen hatte Erica Pappritz geschrieben, der vor lauter Verehrung fälschlicherweise ein »von« angeheftet worden ist. Erica Pappritz war die deutsche Etikettepäpstin der 1950er Jahre, die in protokollarischen Diensten bei Adenauer stand und den kriegstraumatisierten Deutschen ein Orientierungssystem in gutem Benehmen an die Hand geben sollte. Unter der Rubrik *Der gute Ton* predigten Frauenzeitschriften angesagtes Wohlverhalten. Wer sich nicht an diese Regeln hielt, galt als »schwarzes Schaf«, als Barbar und »ungezogen«. Man schämte sich seiner in der familiären wie in der gesellschaftlichen Umgebung. Die damals häufig auch in der Erziehung verwendete Formel »Was sollen denn die Leute denken?« ist Ausdruck für die weitverbreitete Haltung – aus Angst unangenehm aufzufallen –, sich in allem, was man tat, anzupassen, unterzuordnen. Das individuelle Verhalten wurde weniger von eigenen Wünschen und Bedürfnissen bestimmt als von einem nicht hinterfragten Verhaltenskodex eines allgemeinen *common sense.*

Was Sexualität und Erotik angeht, waren die 1950er Jahre von einer beispiellosen Verklemmtheit und Verdruckstheit. Begriffe wie Anstand und Anständigkeit erfuhren eine einseitige, ausschließlich auf das sexuelle Verhalten bezogene Auslegung und entsprachen einem aus heutiger Sicht äußerst enggefaßten Moral- und Sittenkodex, wonach es sich beispielsweise nicht schickte, sich in der Öffentlichkeit zu küssen oder als unverheiratetes Paar in einer gemeinsamen Wohnung zu leben oder ein Hotelzimmer zu mieten. Von den Repressalien und Diffamierungen gegen Homosexuelle und alle mit dem berüchtigten § 175 in Verbindung zu bringenden Beziehungen ganz zu schweigen.

Die Emanzipation der Frauen war nach dem Zweiten Weltkrieg zurückgefallen in die Zeit vor dem Nationalsozialismus und steckte erneut in den Anfängen. Der Widerspruch zwischen dem, was Frauen in der Nachkriegszeit leisteten, und dem gesellschaftlichen Ansehen, das sie in der noch ausschließlich patriarchalischen Gesellschaft hatten, ist ein Skandalon. Frauen hatten in jenen Jahren das Zepter in der Hand. Auch an vielen Stellen im öffentlichen Leben wurden Frauen als Arbeitskräfte gebraucht, weil es an Männern mangelte. Dennoch wurden ihnen gesellschaftspolitisch und juristisch erst ganz allmählich mehr Rechte zugesprochen. In der Vorstellung der Kirche und im konservativen Klima der 1950er Jahre gehörte die Frau auch weiterhin an den Herd und zu den vielen Ks, als da sind Kinder, Kirche, Küche, Keller. Daran änderte auch das Gleichberechtigungsgesetz nichts, das 1953 in der Bundesrepublik in Kraft trat. Die Tatsache, daß es weitere 20 Jahre dauerte, bis 1976 ein Gesetz verabschiedet wurde, das Frauen erlaubte, eine Arbeit ohne Einwilligung des Ehemannes anzunehmen, ist unter diesen Voraussetzungen ein Treppenwitz der Geschichte.

Wie stark die Erziehung im Nachkriegsdeutschland von obrigkeitsstaatlichen Traditionen geprägt war, macht auch ein Blick auf die Heimerziehung in jenen Jahren deutlich. Als Grund für die Einweisung in ein Heim galt Bummelei, Schwänzen oder häufiges Zuspätkommen in der Schule. Auch Mädchen, die sich zu früh mit Jungen abgaben oder zu aufreizend gekleidet waren, drohte die Heimeinweisung. Das konnte ein mit Zuckerwasser gestärkter Petticoat sein, zu enge Hosen oder ein zu weiter Pulli. »Verwahrlosung« war ein schnell herbeizitierter Begriff, und »Heimkind« gewesen zu sein war per se lebenslang diskriminierend. Zum Teil wurden Jugendliche von Nachbarn oder Mitbewohnern denunziert. Und wer erst einmal in die Mühlen der Jugend- oder Fürsorgeämter und Vormundschaftsgerichte geraten war, deren Mitarbeiter meist auf eine mehr oder weniger braune Vergangenheit zurückblickten, kam sobald nicht wieder heraus. Auch hier hat die Studentenbewegung mit der von ihr initiierten Heimkampagne, insbesondere Ulrike Meinhofs Buch *Bambule*, einen Bewußtseinswandel eingeleitet.

Die in den Heimen praktizierte Straf- und Besserungspädagogik, die noch aus der Zeit des Wilhelminismus stammte, wurde auch in den öffentlichen Schulen praktiziert. Eine allmähliche Trendwende setzte in den 1960er Jahren ein. Körperstrafen im

17

Schulbetrieb, wozu auch die Prügelstrafe gehörte, wurden in der DDR 1949, in der Bundesrepublik 1973, in Bayern sogar erst 1986 abgeschafft. Gesetzlich verboten wurden körperliche Bestrafungen schließlich mit Änderung des § 1631 BGB im November 2000.

Zu Recht vermutet Malte Ludin hinter der Überakzentuierung von Wohlverhalten, Sitte und Anstand in den 1950er Jahren den Versuch, sich auf diese Weise von den vorangegangenen Jahren der Barbarei zu distanzieren. Als wollte man damit indirekt zum Ausdruck bringen, daß jeder, der aus der Mitte einer dermaßen ordentlichen und wohlerzogenen Gesellschaft kommt und eine so »gute Kinderstube« genossen hat, solche Greueltaten nicht getan haben konnte, wie sie den Deutschen zur Last gelegt wurden und auf dem Gewissen der ganzen Nation lasteten. Wer gegen diesen allgemeinen Konsens verstieß, wer ausscherte und die erstarrten Rituale hinterfragte, wurde zum »Nestbeschmutzer« degradiert und aus der Gemeinschaft ausgestoßen, wie die Anhänger der APO, der Außerparlamentarischen Opposition, und der Studentenbewegung, deren Aktionen und Aktivitäten, wie wir heute wissen, eine nicht zu unterschätzende Wirkung eben auch auf gesellschaftliche Moralvorstellungen, Konventionen und Umgangsformen hatten.

Mädchenerziehung in den 1950er Jahren

Kinder standen in der Aufbauphase der 1950er Jahre oft im wahrsten Sinne des Wortes im Weg. In der auf autoritären Strukturen beruhenden Bundesrepublik wurden Kinder vorwiegend auf Anpassung und Unterordnung im Leben vorbereitet, genauer: gedrillt. Der moralische Druck, mit dem ihnen Wohlverhalten und Gehorsam sowie gute schulische und berufliche Leistungen abverlangt wurden, war groß. Erziehungsziele waren Gehorsam, Anpassung, Unauffälligkeit, Schweigsamkeit. Kinder hatten im Hintergrund zu bleiben und nur zu sprechen, wenn sie gefragt wurden. Andernfalls galten sie als vorlaut, ungezogen, unartig oder renitent. Kinder hatten brav, artig, still, unauffällig und angepaßt zu sein. Schüchternheit wurde ausgesprochen positiv bewertet, wie es ein damals beliebter Spruch für das Poesiealbum von Mädchen zum Ausdruck brachte: *Sei wie das Veilchen im Moose, sittsam, bescheiden und rein, und nicht wie die stolze Rose, die immer bewundert will sein.* Gestischer Ausdruck dieser unterwürfigen Haltung war der Knicks, den das Mädchen, die tiefe Verbeugung, die der Junge bei der Begrüßung eines Erwachsenen zu machen hatte. Kinder durften Erwachsenen nicht widersprechen, sie hatten keine eigene Meinung zu haben. In der Kindererziehung wird einmal mehr deutlich, wie wenig man sich in den 1950er Jahren von den überkommenen, noch in der NS-Zeit gültigen Idealen entfernt hatte.

Die Erziehung zu Anpassung, Sittsamkeit und Unauffälligkeit betraf in besonderem Maße das Mädchenbild. Es orientierte sich an einem Frauenbild, das ebenfalls aus der wilhelminischen Ära stammte, in der NS-Zeit gepflegt und bruchlos in die Bundesrepublik übernommen wurde. Vor Männern wurden Mädchen grundsätzlich gewarnt. Mit Sätzen wie »So etwas gehört sich nicht für ein Mädchen«, »Die wollen doch nur das eine« oder »Bring mir bloß kein Kind nach Hause« wurde nicht Interesse am Leben und Neugier am anderen Geschlecht geweckt, sondern Angst, Abwehr, ja sogar Ekel. Uneheliche Kinder waren ein Makel für die Familie. Sexualität wurde tabuisiert, sexuelle Aufklärung fand nicht statt. Statt dessen wurden überall sexuelle Gefahren gewittert, beispielsweise in der Musik und in Filmen aus Amerika, die um einiges freimütiger daherkamen als deutsche Filme der 1950er Jahre. Der deutsche Heimatfilm erlebte in der Nachkriegszeit eine zweite Blüte. 1949 war die FSK, die Freiwillige Selbstkontrolle der Filmwirtschaft, ins Leben gerufen worden, eine Vereinigung aus den Kultusministern der Länder und Vertretern der Filmwirtschaft, die auf der Grundlage des »Gesetzes zum Schutz der Jugend in der Öffentlichkeit« Altersbegrenzungen für Filme festlegte. Sie arbeitete zusammen mit der Stelle für jugendgefährdende Schriften und einer von der CDU initiierten »Kampagne gegen Schmutz und Schund«.

Mit betulichen Mädchenbrevieren oder Büchern wie den *Heidi*-Romanen von Johanna Spyri – zum erstenmal erschienen in den 1880er Jahren – und *Nesthäkchen* von Else Ury wurden diese Ideale jugendliterarisch untermauert. Daß die jüdische Schriftstellerin Else Ury 1943 nach Auschwitz deportiert worden ist, wurde dabei verschwiegen.

Bis weit in die 1960er Jahre, auf dem Land länger als in der Stadt, gingen Mädchen und Jungen auf getrennte Schulen. Nach der Zusammenlegung der Jungen- und Mädchenschulen gab es weiterhin reine Mädchen- bzw. Jungenklassen. Erst in den 1960er Jahren setzte sich, in den einzelnen Bundesländern unterschiedlich, das Koedukationsmodell durch. Bis dahin trafen sich Mädchen und Jungen der benachbarten Schulen offiziell ausschließlich in Tanzstunden und auf Schulbällen. Das Jungengymnasium lud das Mädchengymnasium ein und umgekehrt. Solche Feste waren mit Ängstlichkeit und einem übersteigerten Erwartungsdruck verbunden. Statt Kontakte zu gleichaltrigen Jungen aufzunehmen, begnügten sich die Mädchen oft damit, einen von weitem angebeteten »Schwarm« zu haben, der als Projektionsfläche für alle ihre Wünsche und Hoffnungen diente, mit dem es jedoch nie zu einer realen Begegnung kam. Im übrigen wurde das Gefühlsleben der Mädchen vom Bild einer idealisierten, romantisierten Liebe bestimmt.

Ausgangslage der Gespräche

Im Zentrum dieses Buches stehen die individuellen, subjektiven Erfahrungen von Töchtern, deren Leben durch die kriegsbedingte Vaterlosigkeit geprägt ist, d. h. deren Väter gefallen, erschossen, vermißt oder nach Jahren als Fremde heimgekehrt sind. Die zwölf ausgewählten Porträts wurden auf der Basis einer Anzahl von mehreren Gesprächen geschrieben, die ich im Laufe der Jahre 2005/2006 mit den Frauen geführt habe. Alle Gesprächspartnerinnen leben heute in Berlin, stammen aber aus verschiedenen Orten der Republik. Sie sind zwischen 1940 und 1945 geboren. Befragt nach Erfahrungen und Erlebnissen in der Kindheit, der Jugend und im Erwachsenenalter, antworteten alle in großer Offenheit und Mitteilungsfreudigkeit. Es ergaben sich lange, vertrauensvolle Gespräche. Meist ließ ich die Frauen ihren eigenen Assoziationen folgen und frei erzählen, wobei ich sie nur gelegentlich durch eine Nachfrage oder mit der Bitte um Präzisierung unterbrach. Auf diese Weise kam vieles zur Sprache, was seit Jahren auf den Augenblick gewartet zu haben schien, aufgedeckt zu werden.

Gefragt wurde nach eventuell aus der Kindheit vorhandenen

Erinnerungen an den Vater, nach der Art, wie die Mutter mit der Nachricht vom Tod des Vaters umging, ob und wie sie versuchte, der Tochter über den Verlust hinwegzuhelfen, und welche Rolle die Mutter in der Familie einnahm. Weitere Fragen betrafen das innerfamiliäre Verhältnis zu Geschwistern, Großeltern und zur Mutter sowie die Beziehungen zu Freundinnen und Mitschülerinnen in der Jugendzeit und die innere Befindlichkeit beim Erwachsenwerden. Sodann wurden die Frauen gebeten, von der Loslösung vom Elternhaus, von der Partnerwahl, der Ehe und möglichen Problemen zu erzählen. Am Ende stand in jedem Gespräch die ihrem Wesen nach spekulative Frage, in welcher Weise und in welchem Maße das Trauma der Vaterlosigkeit das weitere Leben beeinflußt hat.

Alle Gesprächspartnerinnen sind in einem Alter, in dem man beginnt, auf das gelebte Leben zurückzublicken, und sich der Wunsch herauskristallisiert, sich noch einmal verstärkt mit der eigenen Kindheit und Jugend zu beschäftigen. Oftmals gab es Anstöße von außen. Sei es, daß im Nachlaß der verstorbenen Mutter Feldpostbriefe oder Briefe aus der Verlobungszeit der Eltern gefunden wurden, sei es, daß nun nach dem Ende eines aktiven Berufslebens eine Zeit der Ruhe und Muße beginnt, in der sich die Töchter erstmals ausführlicher mit der Vergangenheit befassen. Oft dienten die Gespräche als Impuls für die weitere Beschäftigung mit der vaterlosen Kindheit und Jugend. Auch Reisen auf den Spuren des Vaters wurden unternommen, um die Auseinandersetzung mit ihm wieder aufzunehmen und die Bedeutung herauszufinden, die er im Leben der Tochter hat.

Die Auswahl der Frauen begann im unmittelbaren Bekann-

tenkreis und zog zunächst durch die ersten Gesprächspartnerinnen wie von selbst weitere Kreise. Auf ein Gespräch mit der
Redakteurin Margit Miosga bei den *Zeitpunkten,* der Frauensen-
dung des Kulturradios des rbb, in dem ich das Projekt beschrieb
und für weitere Interessentinnen warb, meldeten sich 14 Frauen.
Soweit ich sie telefonisch oder per Mail erreichen konnte, habe
ich mit allen gesprochen. Vier von ihnen sind in dieses Buch eingegangen.

Zehn der zwölf Frauen haben Abitur gemacht und studiert, bis
auf eine Ausnahme in philologischen, sozialpädagogischen oder
musischen Disziplinen. Drei von ihnen haben promoviert. Zwei
der Gesprächspartnerinnen sind Studienrätinnen, eine Univer-
sitätsdozentin, zwei Schriftstellerinnen. Auch die übrigen sind
im kulturellen Bereich tätig (als Journalistin, Übersetzerin, Kostümbildnerin). Eine ist Malerin, eine Textilingenieurin. Fünf von
ihnen beziehen bereits eine Rente. Etwa die Hälfte der beteiligten Frauen haben in ihrem Leben eine oder mehrere Therapien
gemacht und die verhaltens- oder gestalttherapeutischen Erfahrungen in die Gespräche mit eingebracht. Auf Wunsch einiger Gesprächspartnerinnen sind die Namen zum Teil geändert
worden.

Jedes dieser Porträts öffnet den Blick auf einen besonderen
privaten Kosmos. Aber es gibt auch Übereinstimmungen und
Koinzidenzen, manchmal bis in die Wortwahl und die Aus-
drucksweise hinein, sowohl was die Erinnerungen selbst als auch
die Gefühle und Stimmungen angeht, die diese Erinnerungen
in ihnen weckten. Parallelen ergeben sich nicht nur daher, daß
die Frauen Ähnliches erlebt und mit ähnlichen Gefühlen darauf
reagiert haben, sondern auch daraus, daß sie in derselben Zeit

gelebt haben. Insofern spiegeln die hier beschriebenen Lebensläufe auch das emotionale und geistige Klima der Zeit wider, in der die vaterlosen Töchter ihre Kindheit und Jugend verbrachten.

Mein Dank

Ich möchte mich an dieser Stelle ganz herzlich bei meinen Gesprächspartnerinnen für die Offenheit und das mir entgegengebrachte Vertrauen bedanken und meinen Respekt zum Ausdruck bringen, den mir ihre Biographien abverlangen. Geboren in unruhigen Zeiten und aufgewachsen unter Bedingungen, die nicht unbedingt zur Stabilisierung der Mädchen und jungen Frauen beigetragen haben dürften, ist es ihnen allen gelungen, ihrem Leben einen Sinn zu geben und zu starken Persönlichkeiten zu werden. Und ich denke, es ist in ihrem Sinne, wenn ich das Buch dem Gedächtnis an die ungelebten Leben der gefallenen und vermißten Väter widme, die, als sie einem unnützen, von einem verbrecherischen System angezettelten Krieg zum Opfer fielen, an der Schwelle zu ebenjenem selbstbestimmten, freien Erwachsenenleben standen, das zu leben ihnen nicht vergönnt war, während es ihre Töchter fruchtbringend für sich zu nutzen verstanden.

Berlin, im August 2006   Cornelia Staudacher

Es verging kaum ein Tag, an dem die Mutter nicht vom Vater sprach

Hildegard S. war ein ausgesprochenes Wunschkind. Nach mehreren Fehlgeburten war die Mutter, die seit 1936 mit Hildegards Vater verheiratet war, wieder schwanger geworden. Im Oktober 1940 kam das Baby zur Welt. Da war der Vater bereits an die Westfront abkommandiert worden. Beim nächsten Heimaturlaub konnte er seine Tochter in die Arme nehmen. Zu Beginn des Jahres 1942 wurde er mit seiner Truppe an die Ostfront versetzt. Er fiel im Dezember 1942 in Rußland, nördlich von Witebsk. Im Januar 1943 erhielt die Mutter die Nachricht von seinem Tod. Die Tochter war nun das einzige, was der Mutter von ihrem Mann geblieben war. Hildegard S. hat naturgemäß keine Erinnerungen an den Vater. Und doch war der Vater immer präsent. Das Foto, das ihn in Uniform zeigt, hing im Wohnzimmer an der Wand. Und es verging kaum ein Tag, an dem die Mutter nicht vom Vater sprach.

Hildegard S. ist in Bremen aufgewachsen. Zweimal wurde die Wohnung, in der sie mit ihrer Mutter lebte, im Jahr 1944 durch Bomben fast völlig zerstört. Sie erinnert sich, wie sie in der ausgebombten Wohnung saß und an ihrer Sparbüchse hantierte, die durch die Erschütterung so verhakt war, daß sie sie nicht mehr öffnen konnte. Und wie die Mutter sie auf den großen Krater im Garten aufmerksam machte, den eine Bombe hinterlassen hatte. Wenn die Sirenen heulten und noch genügend Zeit war, holte die Mutter, die als medizinisch-technische Assistentin im Staatlichen Hygieneinstitut arbeitete, das Kind in den Rot-Kreuz-Bunker auf dem Gelände des Zentralkrankenhauses. Einmal, als sie von Tieffliegern überrascht wurden, mußten sie sich auf den Boden werfen, und Hildegard hielt sich die Hände schützend über den Kopf. So glaubte das kleine Mädchen, unsichtbar zu sein. »Es passierten seltsame Dinge. Der Krieg war für mich fast selbstverständlich, ich kannte es ja nicht anders. Und nicht alles war erschreckend«, sagt Hildegard S. und erinnert sich, wie sie sich einmal von der Hand der Mutter losriß und nicht in den Bunker wollte, weil sie das gegenüberliegende brennende Haus in Bann hielt, oder wie sie die leuchtenden »Tannenbäume« am Himmel faszinierten, die Leuchtspuren der feindlichen Flugzeuge. Im Luftschutzbunker hockten die Menschen eng aneinandergepreßt. Hildegard hatte immer ihren kleinen Koffer auf den Knien. Und einmal, als sie ihren Teddy unterwegs verloren hatte, ging die Mutter beherzt zurück, um ihn zu suchen. Das Schlimmste waren die Sirenen. Ihr Geheul ist Hildegard S. noch heute unangenehm. Ende 1944, nachdem sie das zweite Mal ausgebombt worden waren, zog die Mutter mit ihrer Tochter in das Haus der Großeltern.

»Gefallen auf dem Felde der Ehre«

Hildegard S. beschreibt ihre Mutter als kühl, distanziert, förmlich. »Herzlos ist vielleicht ein zu hartes Wort«, obwohl es ihr manchmal so vorgekommen sei. Heute weiß sie, daß es der Tod des Vaters war, den die Mutter lange nicht verkraftet hat. Er lag wie ein Schatten über ihr und machte sie härter und strenger, als sie von Natur aus war. Es kommt Hildegard S. vor, als sei die Mutter durch dieses Ereignis »emotional zurückgefahren«. Die Mutter war eine attraktive, lebenslustige Frau gewesen, die schon ein paar andere Verehrer gehabt hatte, bevor sie ihren zukünftigen Ehemann kennenlernte. Als sie ihn heiratete, war sie sechsundzwanzig, bei der Geburt ihrer Tochter dreißig. Mit zweiunddreißig war sie Kriegerwitwe.

Fortan lebte sie mit dem Bild des Mannes, der mit zweiunddreißig Jahren eingezogen worden war. In ihrer Phantasie lebte er in dieser Gestalt weiter und wurde weder älter noch gebrechlich. Im Gegenteil, sie idealisierte, idolisierte ihn im Laufe der Jahre immer stärker. Die nationalsozialistische Leerformel »gefallen auf dem Felde der Ehre für Volk und Vaterland«, mit der die Hinterbliebenen vom Tod ihrer Angehörigen benachrichtigt wurden, half ihr nicht, den Verlust zu bewältigen.

Der Stolz auf ihren Mann kommt auch in dem Tagebuch zum Ausdruck, das die Mutter seit der Geburt der Tochter führte und in dem sie die einzelnen Entwicklungsschritte der Tochter, immer in engem Zusammenhang mit der Erinnerung an ihren Mann, niederschrieb. Als sähe sie eine große Aufgabe darin, ihr Leben und das Leben der Tochter seiner Erinnerung zu widmen. Geschrieben in einem hohen, pathetischen Ton, war es als eine Art Testament für die erwachsene Tochter gedacht, die direkt angesprochen wird: »Ich will ihn Dir immer lebendig erhalten, unseren lieben Vati. So wird er uns nie sterben.«

Als die Tochter die Feldpostbriefe des Vaters las, die sie bei der Auflösung der Wohnung der Mutter fand, kristallisierte sich auch für sie das Bild eines ruhigen Menschen heraus, der das ganze Gegenteil zu der leicht jähzornigen, in ihren Reaktionen eher unberechenbaren Mutter war. Er müsse eher weich und liebevoll gewesen sein, kein »Macho«, meint die Tochter. Beim Lesen der Feldpostbriefe, die die Mutter zusammen mit den Brautbriefen und Tagebüchern in einer Kiste aufbewahrt hatte, tauchte Hildegard S. immer tiefer in die Familiengeschichte ein. Die meisten Briefe sind an die Mutter gerichtet, einige an Mutter und Tochter gemeinsam. Die an das Kind gerichteten Briefe, die ihr die Mutter schon Jahre zuvor ausgehändigt hatte, sind in einem besonders liebevollen, zärtlichen Ton geschrieben. »Kuddelchen« oder »Schäfchen« nennt er seine kleine Tochter. Immer wieder gibt der Vater seiner Hoffnung auf ein baldiges Ende des Krieges Ausdruck: »Ach, wäre doch der Krieg schon zu Ende.« Für den Fall, daß er sterben sollte, hatte er bei seinem letzten Urlaub im August 1942 bei einer Freundin der Familie einen Brief hinterlassen, in dem er in bewegten Worten Abschied von seiner Frau und seiner Tochter nimmt.

Die Heirat der Eltern war eine ausgesprochene Liebesheirat gewesen. Die Mutter hatte sie gegen den Willen ihres Vaters durchgesetzt. Denn ihr Vater, ein wohlhabender Kaufmann in der Rohkaffeebranche, der in den goldenen zwanziger Jahren zu einigem Wohlstand gekommen war, hatte sich für seine Tochter eine »bessere Partie« gewünscht als einen einfachen kaufmännischen Angestellten, der noch dazu ein uneheliches Kind war. Erst viele Jahre später wurde die Mutter des Vaters, Hildegards »arme Oma«, die von der Familie mütterlicherseits weitgehend gemieden wurde, wenigstens so weit akzeptiert, daß sie zu den Familienfesten eingeladen wurde. Diese andere Oma, von Beruf Näherin, die schon vor dem Krieg so arm war, daß sie das zweite Kind, den jüngeren Bruder des Vaters, in Pflege geben mußte, hatte etwas Geheimnisvolles an sich, das die Phantasie anregte und in Hildegard S. den Wunsch entstehen ließ, sich mit deren Leben irgendwann einmal zu beschäftigen.

Die Eltern waren durch den Pastor, der beide konfirmiert hatte und der schon in den zwanziger Jahren in seiner Kirche Horst-Wessel-Feiern und Fahnenweihen ausrichtete, früh mit nationalsozialistischem Gedankengut in Berührung gekommen. Bereits 1929 waren beide neunzehnjährig in die Partei eingetreten. Der Pfarrer verkörperte für sie so etwas wie eine gemeinsame Vaterfigur, für den jungen Mann, der als uneheliches Kind seinen Vater gar nicht gekannt hatte, und für die junge Frau, die zu ihrem Vater ein ausgesprochen gespanntes Verhältnis hatte. Beide träumten von einer großen Familie, die Mutter, die dem Land möglichst viele Kinder gebären wollte, auch vom Mutterkreuz, vermutet die Tochter. Später, sagt sie, als die Mutter die Nachricht vom Tod des Vaters erhielt, habe es »in ihr auch politisch einen Knacks gegeben«.

Hildegards Mutter hat nicht wieder geheiratet. Eine Gelegenheit hätte es gegeben. Aber als die Mutter ihre Tochter fragte, was sie davon halte, wenn sie jenen befreundeten »Onkel« heiraten würde, antwortete das kleine Mädchen strikt nein, das wolle sie nicht, weil die Mutter dann einen anderen Namen trüge und womöglich noch ein Kind bekäme. Die kleine, nur aus ihr und ihrer Mutter bestehende Minifamilie erschien Hildegard völlig normal. Daß sie die Mutter ganz für sich allein hatte und mit niemandem teilen mußte, auch nicht mit einem Vater, gefiel ihr. »Es war so selbstverständlich, daß er ein Kriegsgefallener war.« Zumal er als Held galt, was für das Ansehen und das

Selbstwertgefühl der Mutter von großer Bedeutung war. Erst im Alter von 67 Jahren, als die Tochter schon längst aus dem Haus war, lernte die Mutter auf einer Urlaubsreise einen Mann kennen, mit dem sie einige Jahre zusammengelebt hat. Aber auch zu diesem Zeitpunkt hielt sie es noch immer für notwendig, sich der Tochter gegenüber von diesem Mann zu distanzieren, indem sie ihn mit dem Vater verglich: »Er ist so ernst, mit Deinem Vater konnte man lachen.«

Ersatzvater und großer Bruder Rudi

In der frühen Nachkriegszeit, als Hildegard S. mit der Mutter im Haus der Großeltern wohnte, wurde der Großvater, an dem sie sehr hing, eine Art Ersatzvater. Er spielte die Rolle des Patriarchen, ließ sich »von niemandem etwas sagen und war sicher als Ehemann und Vater sehr viel unangenehmer«. Aber er war auch listig, und so war es ihm zu verdanken, daß die Familie nach dem Einmarsch der Amerikaner in ihrem Haus wohnen bleiben konnte. Die Bewohner mußten auf die Straße gehen, während die Häuser inspiziert und auf ihre Eignung zur Beschlagnahmung geprüft wurden. Der Großvater legte sich statt dessen ins Bett, hustete zum Gotterbarmen und simulierte eine Lungenentzündung, was zur Folge hatte, daß die Amerikaner, die große Angst vor ansteckenden Krankheiten hatten, das Haus fluchtartig verließen. Das innige Verhältnis, das sich im Laufe der Jahre zwischen Hildegard und dem Großvater entspann, sah die Mutter mit einigem Argwohn. Als er sich am Ende seines Lebens entschloß, in ein Altersheim zu gehen, nahm sich Hildegard S. vor, ihr inzwischen begonnenes Studium so schnell wie möglich zu beenden, um den Großvater aus dem Heim herausholen zu können. Er starb 1963, bevor sie ihr Studium abgeschlossen hatte.

Ein weiteres Familienmitglied, das aber ausschließlich in Hildegards Phantasie existierte, war für sie von eminenter Bedeutung: Rudi, ihr großer Bruder. Rudi war ein großer, dunkelhaariger Junge, der alles konnte. Vor allem konnte er sie gegen die anderen Kinder, gegen den Rest der Welt verteidigen. Sein einziger Fehler: In der Realität gab es ihn nicht. Aber das kaschierte Hildegard so gekonnt, daß die drei oder vier Spielkameradinnen, mit denen sie nachmittags spielte, lange Zeit keinen Zweifel an seiner Existenz hegten. »Wenn ihr jetzt nicht aufhört, sage ich es meinem großen Bruder, und der verkloppt euch« – dieser Satz half ihr aus mancher Patsche und unangenehmen Situation.

Die Minifamilie

Als Hildegard S. sechzehn war, zog die Mutter mit ihr in eine eigene kleine Wohnung. Mit der Pubertät wurden die Auseinandersetzungen zwischen Mutter und Tochter heftiger. Der Krieg war mehr als zehn Jahre vorbei, das Wirtschaftswunder stand in seiner ersten Blüte. Aber noch immer sah sich die Mutter vor allem als »Kriegerwitwe« und als »Opfer«. Sie fühlte sich überfordert durch die Doppelbelastung als Mutter und berufstätige Frau. Obwohl sie eine starke, dominierende Persönlichkeit war, kehrte sie der Tochter gegenüber ihre Schwäche und Hilfsbedürftigkeit heraus, womit sie ein früh angelegtes, diffuses Verantwortungsgefühl in Hildegard ansprach. Was Hildegard S. aus dieser Zeit am stärksten in Erinnerung geblieben ist, sind die

Vorwürfe der Mutter, aus denen sich für das heranwachsende Mädchen eine *double bind*-Situation ergab: Einerseits erdrückte die Mutter die Tochter mit mütterlicher Liebe und der Beteuerung, wie sehr sie ihr »Wunschkind« sei und »das einzige, was ihr von ihrem Mann geblieben« war. Andererseits fühlte sich Hildegard von der Mutter, die sich ein eigenes Bild von ihrer Tochter machte und sie als Projektionsfläche ihrer Erwartungen benutzte, nicht verstanden, sondern nur in ungerechtfertigter Weise vereinnahmt.

Auch die häufige Ermahnung von Hildegards Patentante, »Du mußt nett sein zu deiner Mutti«, appellierte ausschließlich an das Pflicht- und Schuldgefühl der Tochter und trug nicht zur Besserung des Verhältnisses zwischen Mutter und Tochter bei. Diese Tante, eine frühere Lehrerin und langjährige Freundin der Mutter, war es auch, mit der die Mutter sich daran machte, was man damals »Vergangenheitsbewältigung« nannte. In den fünfziger Jahren engagierten sich die beiden Frauen in der »Gesellschaft für deutsch-jüdische Zusammenarbeit«. Auf die Fragen der Tochter nach den Geschehnissen in der Nazizeit bekam die Tochter dennoch meist nur ausweichende Antworten: »Was hätte man denn tun sollen?« Ein anderes Mal ein wenig einsichtiger: »Da gab es große Schuld.« Als Hildegard S. viele Jahre später nach einem Besuch im Document-Center in Berlin die Mutter auf ihre frühe Mitgliedschaft in der Partei und im BDM ansprach, fühlte diese sich in die Enge gedrängt und versuchte, sich mit allgemeinen Platitüden herauszureden.

Ob diese Minifamilienkonstellation, in der es kaum Zärtlichkeiten gab und jede Form von Körperlichkeit, auch Erotik und Sexualität, ausgeblendet waren, ein Grund für ihre relativ späte sexuelle Entwicklung war, gehört für Hildegard S. in den Bereich der Spekulation. Denkbar wäre es. Statt zu flirten, wie es manche ihrer Klassenkameradinnen taten, widmete sie sich mit Elan der Schulpolitik. Sie war einige Jahre Redakteurin bei der Schülerzeitung und fand ihre Erfüllung darin, in der Schule »so etwas wie eine wichtige Person« als Klassen-, zeitweise auch als Schulsprecherin zu sein. Mit den Jungen hatte sie dagegen zunächst »erhebliche Probleme«. Sie war schüchtern und suchte sich immer irgendwelche »Heroen«, die älter waren als sie und die sie anhimmeln konnte. »Einen Schwarm haben« nannte man das in den fünfziger Jahren. Der Zauber, der von solchen auf Entfernung angehimmelten Jungen ausging, war meist vorbei, wenn man sie näher kennenlernte. Auch Hildegard war enttäuscht, als sie den zwei Jahre älteren Mitschüler aus dem benachbarten Jungengymnasium, für den sie schwärmte und mit dem sie jeden Morgen in der Straßenbahn fuhr, so daß sie immer pünktlich zur Schule kam, später kennenlernte.

Hildegard S.s Verhältnis zu Männern jedenfalls ist durch das idealisierte Vaterbild, das ihr durch die Mutter vermittelt wurde, nachhaltig bestimmt worden. Während die Heroisierung ihres gefallenen Mannes für die Mutter ein Mittel war, über den Verlust hinwegzukommen und weiterleben zu können, scheint sie für die Tochter zu einer Bürde und insofern zur Falle geworden zu sein, als das für das junge Mädchen überhöhte Bild des

Vaters ihr den Blick für eine alltägliche partnerschaftliche Beziehung zu einem Mann versperrte. Eine unterschwellige Angst hinderte sie daran, das Naheliegende, das Reale zu sehen und darauf zu reagieren. Nach außen machte sie den Eindruck, als sei sie arrogant oder hochnäsig. Jahre später hat ihr ein ehemaliger Mitschüler gestanden: »Ich fand dich damals wunderbar und richtig toll, aber du warst immer so abweisend, hast du das denn gar nicht gemerkt?«

Diese unterschwellige Abwehr in Verbindung mit der für die fünfziger Jahre typischen verklemmten Mädchenerziehung bewirkte, daß sich Hildegard S., wie sie sagt, »Zeit ließ mit der Liebe«. Ihre erste Beziehung mit einem jungen Mann war denn auch eher von der verstandesmäßigen Entscheidung geleitet, daß die Zeit dafür nun reif sei. Die meisten ihrer Klassenkameradinnen hatten bereits einen Freund.

»Meine Partner waren immer ein bißchen Außenseiter oder irgendwie nicht unbedingt das Passende, wie meine Mutter zu sagen pflegte.« Womit die Mutter nicht ganz unrecht hatte. Denn Hildegard hatte auffallend oft Freunde, denen sie intellektuell und bildungsmäßig überlegen war und die ihre rhetorischen Fähigkeiten bewunderten. Das gab ihr die Möglichkeit, die nach wie vor bestehende Angst und Unsicherheit vor erotischen Beziehungen durch ihre geistige Überlegenheit zu kompensieren. Entsprechend schwierig erschien es ihr, diese Freunde in ihren Freundeskreis zu integrieren. Der Mann, mit dem sie viele Jahre zusammen war, der das Abitur nachgeholt, das Studium an der Pädagogischen Hochschule aber geschmissen hatte und schließlich einen Handwerksberuf ausübte, fühlte sich in Hildegards Freundeskreis beispielsweise nie richtig anerkannt.

Nach dem Abitur ging sie zunächst nach Köln, dann nach Berlin. Sie studierte Theaterwissenschaft und Germanistik. Ihre Politisierung erfuhr sie durch die Studentenunruhen in den sechziger und siebziger Jahren. In dieser Zeit habe sie am Sex viel Spaß gehabt und sei, vor allem in den sogenannten wilden siebziger Jahren,»nicht zu kurz gekommen«. Einen»Mann fürs Leben« zu suchen sei in jener Zeit dermaßen obsolet gewesen, daß es ihr gar nicht in den Sinn gekommen sei, zumal sie sich schon in jüngeren Jahren gegen Ehe und Kinder entschieden hatte. Eine ungeplante Schwangerschaft fiel zusammen mit der Arbeit an der Dissertation. Plötzlich stand sie vor der Entscheidung Kind oder Dissertation. Sie ließ eine Abtreibung vornehmen, weil sie es sich nicht zutraute, beides, die Diss und ein Kind, zu bewältigen. Genau das sah sie auf sich zukommen, denn der Vater des Kindes, der sich für das Kind aussprach, stand selbst kurz davor, ein Studium zu beginnen. Zehn Jahre später dachte sie anders darüber. Ein Freund, mit dem sie bereits im Begriff war zusammenzuziehen und von dem sie gern ein Kind gehabt hätte, mit dem sie sich auch vorstellen konnte, gemeinsam alt zu werden, verließ sie im letzten Moment mit der für sie fadenscheinigen Erklärung:»Ich fürchte, du wirst wie deine Mutter«, obwohl es nie den Anschein gehabt hatte, daß ihre Mutter und er nicht gut miteinander ausgekommen waren.

Lebenslange Auseinandersetzung mit der Mutter

Die erbitterten und teilweise verletzenden Auseinandersetzungen zwischen Mutter und Tochter hielten auch an, als Hildegard S. längst nicht mehr zu Hause wohnte. In Briefen beklagte sich die Mutter, daß sich die Tochter zu wenig um sie kümmere, nannte sie »rücksichtslos« und beschwerte sich, daß sie nichts von sich erzähle. Die Erwartungen der Mutter an die Tochter belasteten Hildegard. Als wäre sie für das Glück der Mutter verantwortlich, als wäre es ihre Aufgabe, die Entbehrungen und Enttäuschungen, die die Mutter in ihrem Leben erfahren hatte, wiedergutzumachen. Sie entwickelte immer neue Strategien, um sich gegen die Bevormundung und Vereinnahmung der Mutter zur Wehr zu setzen und sich nicht von deren in ihren Augen unreflektierten Vitalität erdrücken zu lassen.

Ein oder zwei Besuche bei der Mutter, vor allem der Weihnachtsbesuch, blieben bis zu deren Lebensende obligatorisch. »Weihnachten in Berlin zu bleiben hätte ich nicht gewagt. Die Mutter hatte so eine Art, mich mit Schuldgefühlen zu versorgen«, sagt Hildegard S. Während der Besuche der Tochter in Bremen kam es oft zum offenen Streit. »Meine Mutter trampelte immer, ich nicht.«

Im Alter klammerte die Mutter sich noch fester an ihre Tochter. Gern hätte sie es gesehen, wenn die Tochter nach Bremen zurückgekehrt wäre und bei ihr gewohnt hätte. Hildegard S. aber hatte nie ein Hehl daraus gemacht, daß das eine für sie unmögliche Perspektive war. Als die Mutter wegen fortschreitender Altersdemenz nicht mehr allein leben konnte, half sie ihr bei der Heimsuche und besuchte sie fortan noch häufiger. Die Mutter starb 2002 im hohen Alter von 92 Jahren. Noch heute fragt Hildegard sich gelegentlich, ob es richtig war, die Mutter in ein Heim gegeben zu haben. Gleichzeitig stellt sie beruhigt fest, daß es zumindest in den letzten Monaten des Lebens zu einer Befriedung ihrer Beziehung gekommen sei. »Ich habe mich ihr erst, als sie sehr alt und schwach war und ins Heim kam, emotional zuwenden können. Vorher war das immer eine Kampfgeschichte.«

Dankbarkeit empfindet sie der Mutter gegenüber dafür, daß sie studieren durfte, obwohl es im familiären Umkreis kaum berufstätige Frauen gab. Vorurteile, wie Frauen seien weniger wert oder könnten sich im Berufsleben nicht behaupten, wie sie dem Frauenbild der fünfziger Jahre noch weitgehend entsprachen, hat sie von der Mutter nie zu hören bekommen. Insofern hatte die Mutter, die selbst voll im Berufsleben stand, am Arbeitsplatz anerkannt und im Kreis der Kollegen beliebt war, eine Art Vorbildfunktion. Allerdings verstand sie es, ihre Tochter auch während des Studiums wirtschaftlich und emotional an der langen Leine zu halten. Da Hildegard S. die BAföG-Bedingungen nicht erfüllte und somit die Mutter für die Berufsausbildung aufzukommen hatte, hatte diese ein Erpressungsmittel an der Hand, das sie weidlich ausnutzte. So verhinderte sie beispielsweise, daß Hildegard S. an eine ausländische Universität wechselte, indem sie behauptete, daß sie dann die Waisenrente nicht mehr bekäme. Als Hildegard S. am Ende ihres Studiums einen Kredit aufnehmen wollte, weigerte sich die Mutter, dafür zu bürgen. Nach ihrem Tod erfuhr sie, daß sich die Mutter im Bekannten- und Verwandtenkreis darüber mokiert habe, wie lange ihre Tochter an ihrer Dissertation schreibe.

Die Beziehung zwischen Hildegard S. und ihrer Mutter zeichnete sich dadurch aus, daß die Tochter zeitlebens die Art von selbstverständlicher Zuwendung und emotionaler Unterstützung vermißte, die für ein Kind unabdingbar sind, um ein eigenes Selbstbewußtsein aufzubauen. Ihr Verhältnis war zudem so eng mit der Trauer über den Verlust des Vaters verbunden, daß es dadurch nicht zu einer von gegenseitigem Verständnis getragenen Annäherung kommen konnte. Die pathetische, idolisierende Trauer der Mutter konnte und wollte die Tochter nicht nachvollziehen. Für sie war das Bild des Vaters, das wie die anderen Einrichtungsgegenstände seinen festen Platz in der Wohnung hatte, nur eine leere Figur. »Es war eben der abwesende Vater, der aber immer da war, eine Hohlform vielleicht« – ein Vater, der nicht alterte, der keine Macken hatte, den die Mutter hemmungslos idealisierte, liebte und gleichzeitig überhöhte wie einen »Schwarm«. Für die Tochter blieb er eine ausschließlich intellektuell erfahrbare Figur, nicht aber sinnlich und emotional erlebbar.

Die Auseinandersetzung mit dem ideologischen Teil in der väterlichen Biographie führte bei Hildegard S., wie häufig bei Kindern der Kriegsgeneration, zu einer intensiven Beschäftigung mit zeitgeschichtlichen Themen. Schon während ihrer Promotion arbeitete sie an diversen Museums- und theaterwissenschaftlichen Projekten mit. Ihr besonderes Interesse galt jüdischen, aber auch nichtjüdischen Biographien während der Nazizeit und der Erforschung der Verfolgung und Ermordung der Juden. Hildegard S. lebt heute von einer Rente und arbeitet ehrenamtlich weiter.

In dem erwähnten Tagebuch, das die Mutter bis in die achtziger Jahre hinein in unregelmäßigen Abständen weiterführte, findet sich Anfang 1982 der ausführliche Bericht über einen Besuch der Tochter, bei dem es wieder einmal zum heftigen Streit gekommen war. Versöhnende Worte findet die Mutter nicht, statt dessen gibt sie noch einmal einer Verpflichtung Ausdruck, die den Mann und Vater in den Mittelpunkt ihres und des Lebens der Tochter stellt: »Du bist für mich das verpflichtende Erbe deines Vaters und somit mein geliebtes Kind.« Es scheint, als habe der abwesende Vater immer zwischen Mutter und Tochter gestanden.

Es gab keine Tränen
um den Vater

Bevor Sigi A. zu erzählen beginnt, zeigt sie mir das einzige Bild ihres Vaters, das sie besitzt: Es zeigt einen jungen Mann, der auf der Stufe eines Einfamilienhauses in ländlicher Gegend sitzt und ernst, versonnen und ein wenig melancholisch in die Kamera blickt, während auf seinem Schoß ein Hund und eine Katze in trauter Eintracht liegen. Das Foto ist die Vergrößerung eines klitzekleinen Bildes, das die jüngere ihrer beiden Töchter, die früh angefangen hat, sich für die Familiengeschichte zu interessieren, für sie kopiert hat. Sie überreichte es ihrer Mutter mit der etwas flapsigen Bemerkung, sie sei wohl ebenso verträumt und stehe nicht immer mit beiden Beinen auf der Erde wie der junge Mann auf dem Foto, der ihr Opa ist.

Das Foto paßt zu dem Mythos, den Sigis Mutter nach dem Krieg um ihren Mann geschaffen hat. Er wurde idealisiert in seiner Sanftheit und Liebenswürdigkeit. Das war leicht und geschah eigentlich wie von selbst, hatte die Mutter doch nie einen gewöhnlichen Alltag mit ihm erlebt. »Sie waren noch im Stadium des Verliebtseins«, als er dem Krieg zum Opfer fiel, sagt Sigi A. Der Vater arbeitete bei der Post und wollte die Beamtenlaufbahn einschlagen. Er stammte aus Stettin und war als Sanitäter im Ruhrgebiet stationiert. Dort lernte er 1943 Sigis Mutter kennen. 1944, kurz bevor er nach Istrien geschickt wurde, heirateten sie.

Sigi A. wurde im Februar 1945 in Gelsenkirchen geboren. Sie war ein Zwillingskind. Die Mutter wußte erst kurz vor der Entbindung, daß sie mit Zwillingen zu rechnen hatte. Heftige Angriffe über dem Ruhrgebiet in den letzten Monaten des Krieges setzten die Bewohner der Städte großen Strapazen aus und zwangen sie, die Nächte in Bunkern zu verbringen. Auch die medizinische Versorgung war unzureichend. Der andere Zwilling litt an einem Magenpförtnerkrampf und starb zwei Monate nach der Geburt.

Nach dem Ende des Krieges blieb der Vater vermißt. In Sigis Erinnerung verbindet sich das Warten auf die Rückkehr des Vaters mit der Trauer um den Verlust der Zwillingsschwester. »Ich wußte manchmal nicht, wen such ich überhaupt, es sind zwei Unbekannte. Den Vater habe ich ja auch nicht gekannt.« Von ihm gab es wenigstens das besagte Foto. Von der Schwester gab es nicht einmal das. Es gab aber ein Grab mit einem Holzkreuz, zu dem die Mutter sie manchmal mitnahm.

Die brave Tochter

Sechs Jahre wartete die Mutter vergeblich auf die Rückkehr ihres Mannes. Dann erhielt sie die Nachricht, daß er in Istrien nahe Triest kurz nach Kriegsende von Partisanen erschossen worden war. Sigrid erinnert sich an den Augenblick, als der Brief kam: »Ich weiß noch, daß das ein ganz schlimmer Augenblick war. Ich war sechs, ich hab gar nicht um meinen Vater getrauert, ich kannte ihn ja nicht, aber die Trauer, die meine Mutter überfiel, die war schrecklich auch für mich. Und ich glaube im nachhinein, daß ich mich für alles mitverantwortlich fühlte, unbewußt,

41

das ist ja so als Kind. Es war ganz schlimm, meine Mutter in ihrem Verlust zu erleben.« Nach der Nachricht vom Tod ihres Mannes zog sich die Mutter zurück. Sie wollte sonntags nicht einmal mehr ausgehen, wie es in der Stadt üblich war.»Sie fühlte sich unvollständig, fast so, als schämte sie sich, ohne den Vater sonntags spazierenzugehen.«

Sigis Mutter war Buchhalterin in einer großen Firma in Gelsenkirchen und wohnte mit ihrer Tochter bei den Großeltern. Die Mutter hatte wenig Zeit für sie.»Ich hatte immer das Gefühl, daß ich nebenherlaufe. Nicht, daß sie mich nicht geliebt hätte, aber sie hatte gar keine Zeit, viel auf mich einzugehen. Wenn sie abends von der Arbeit kam, lief ich ihr entgegen. Dann ging ich wieder spielen, und ich weiß noch das Gefühl, daß ich mich jetzt geborgen fühlte, obwohl ich dann weitergespielt habe draußen, und sie war drin, aber sie war da.« Sigi hing sehr an ihrer Mutter. Als die Mutter einmal allein verreiste, weinte sie tagelang aus Angst, daß sie nach dem Vater und der Schwester jetzt auch noch die Mutter verlieren könnte.

Wenig gute Erinnerungen hat sie an ihren Großvater. Er war ein strenger, unnachgiebiger Mann, der mit harter Hand im Haus regierte und, wenn es ihm geboten schien, auch schon mal das Mädchen mit einem Riemen schlug. Er war in den dreißiger Jahren ein glühender Anhänger der Nazis gewesen. Aber das änderte sich während des Krieges. Von Beruf war er Schuhmacher. Da er im Ersten Weltkrieg ein Bein verloren hatte, wurde ihm als Kriegsinvalide ein Posten als Pförtner bei der Zeche zugewiesen, wodurch er die Möglichkeit hatte, mit seiner Familie eines der für die Bergleute gebauten Reihenhäuser zu bewohnen. Darin gab es in der oberen Etage ein Wohnzimmer und ein Schlafzimmer, in dem Sigi gemeinsam mit der Mutter im Ehebett schlief, im Erdgeschoß das Wohnzimmer der Großeltern und die Küche. Sigi empfand es als eine Erleichterung, als der Großvater starb. Da war sie acht Jahre alt. »Er trank und war despotisch, und wenn er sonntags vom Frühschoppen betrunken nach Hause kam, sind die beiden Frauen, meine Oma und meine Mutter, um ihn herumgesprungen, um ihm alles recht zu machen, er hat dann dirigiert, und sie sind nur gesprungen. Das hat mein Frauenbild sehr beeinflußt, sagen wir mal, meine Mutter war nicht selbstbewußt, meine Oma war nicht selbstbewußt. Mein Selbstbewußtsein mußte ich mir auch mit der Zeit erst aufbauen, das hat unheimlich lange gedauert, und ich arbeite immer noch dran, es ist ein Lebensthema.«

Nach dem Tod des Großvaters lebte sie mit ihrer Mutter in einem für die Zeit typischen reinen Frauenhaushalt. Die stets kränkelnde Oma war mit dem Enkelkind sichtlich überfordert. Was Sigis ohnehin vorhandenes Gefühl, nur nebenher mitzulaufen und eigentlich eine Last zu sein, noch verstärkte. So hat sie auch an die Großmutter kaum angenehme Erinnerungen. Als diese starb und die Mutter mit ihr von der Bergmannswohnsiedlung in eine kleine Sozialbauwohnung in der Stadt zog, war sie dreizehn Jahre alt.

Der neue Lebensabschnitt, der nun begann, machte sie erst einmal zum Schlüsselkind. Ihre Mutter kümmerte sich um sie, so gut sie konnte. Sie kochte am Abend für den nächsten Tag vor. Sigi mußte weder kochen noch putzen. Von den anderen Kindern wurde sie um den großen Freiraum, den sie hatte, beneidet. Sie aber fühlte sich vernachlässigt und im Stich gelassen. Einmal in der Woche aß sie mittags regelmäßig bei einer Freundin. »Da habe ich erst gemerkt, wie toll das ist, wenn eine Mutter da ist, die uns bedient und bekocht hat, da spürte ich den Verlust, woher soll man das wissen, wenn man es nicht erlebt hat.«

Die Mutter hatte sich nach einer Zeit der Trauer wieder dem Leben zugewandt. Sie war von ihrem Naturell eine lebensbejahende Frau. Den einen oder anderen Mann lernte sie über Anzeigen in ihrer Tageszeitung kennen. Sigi nannte diese Herren ihre »Onkel«. Den in Berlin lebenden Bruder ihres gefallenen Mannes zu heiraten, der heftig um seine Schwägerin warb, kam für die Mutter nicht in Frage.

Sigi A. beschreibt ihre Mutter als eine warmherzige, aber auch »kopfige« und pragmatische Frau, die ziemlich genau wußte, was sie wollte. Mit Sätzen wie »Das Leben geht weiter« und »Ich muß nun mal viel arbeiten« wiegelte sie die Klagen der Tochter ab, die nicht verstand, warum die Mutter nicht halbtags arbeitete, um mehr Zeit für sie zu haben. Immerhin erhielt sie ja als Kriegerwitwe eine Rente. Über ihren Vater erfuhr die Tochter von ihrer Mutter nur wenig. »Über den Vater reden war nicht ihr Thema, sie war dann gleich in der Kopfwelt, um sich davon abzulenken, obwohl sie ein gefühlsbetonter Mensch war und sehr herzlich. Nur über Probleme konnte man mit ihr nicht reden.«

Nach der Grundschule besuchte Sigi, die ein verträumtes Kind war und am liebsten im Unterricht zeichnete, die Realschule. Was sie nicht interessierte, ließ sie links liegen und reagierte teilweise mit Lernblockaden. Und sie aß unkontrolliert Süßigkeiten. »Ich glaube, ich habe meinen Frust durch Süßigkeiten kompensiert. Wenn meine Mutter abends nach Hause kam, lief ich ihr entgegen, oft hat sie mir was mitgebracht, sie hat ihr schlechtes Gewissen durch materielle Sachen ausgeglichen.« Um schulische Belange kümmerte sich die Mutter so gut wie gar nicht. Sie erschien nicht auf Elternabenden und ließ sich auch bei Schulaufführungen nicht blicken. Die Tochter hat das stillschweigend hingenommen, hat weder insistiert noch darum gekämpft. Aber gelitten habe sie schon darunter, daß die Mutter nicht wie die anderen Eltern gelegentlich in der Schule erschien.

»Ich habe alles in mich hineingefressen, vielleicht um die Mutter zu schonen und ihr nicht noch zusätzlich Streß zu machen.« Sie kann sich auch nicht erinnern, in der Pubertät revoltiert zu haben. »Ich war eher so ein Mensch, der Nägel geknabbert hat. Wenn es geklappt hätte, wäre ich bulimisch geworden.«

Mit 17 Jahren machte Sigi A. die mittlere Reife. Da sie gut turnen konnte und musisch interessiert war, wollte sie Tänzerin werden. Aber das Studium des Tanzes wurde von der Mutter ebenso wie das Kunststudium als brotlose Kunst verworfen. Und da sie eine brave Tochter war, tat sie, was die Mutter von ihr verlangte, und wurde Stenokontoristin.

»Ich mußte erst einmal erwachsen werden«

Mit neunzehn lernte sie im Urlaub, den sie gemeinsam mit der Mutter an der Mosel verbrachte, ihren späteren Mann kennen. Er war gerade im Begriff, zum Studium der Elektrotechnik nach Berlin zu gehen, um der Bundeswehr zu entkommen. 1966, nach dem Abschluß der Lehre, folgte sie ihm nach Berlin. Sie fand schnell eine Anstellung, ebenso ein Zimmer in einem Außenbezirk im Süden der Stadt, wo sie sich allerdings wenig aufhielt, denn die Jungverliebten verbrachten die meiste Zeit miteinander.

Der Gedanke zu heiraten kam von außen. Ihre Mutter übte Druck aus, weil sie »klare Verhältnisse« haben wollte. Aber auch Sigi A. hatte das Versteckspiel mit den zwei Wohnungen satt. Schließlich gab es noch den Kuppeleiparagraphen, wonach man sich strafbar machte, wenn man zwei Unverheiratete zusammen wohnen ließ. Und bei Untermietverhältnissen war Besuch nach 22 Uhr nicht erlaubt. Sigi A. heiratete 1968. Heute glaubt sie, daß ihr Mann noch gar nicht heiraten wollte und seinen Frust über die mehr oder weniger erzwungene Heirat an ihr auslebte, und ist nachträglich über sich erstaunt, wie fixiert sie auf ihren Mann war, obwohl er schon damals viel an ihr herumnörgelte. »Er sei die große Liebe und der Vaterersatz, dachte ich immer. Aber ich glaube, ich habe den zweiten Großvater gehabt, eben das, was ich kannte. Wenn ich nicht so funktionierte, wie er wollte, gab es Schwierigkeiten, es war ganz schlimm.« Am Anfang war Sigi A. noch auf Ausgleich und Harmonie bedacht. Sie schrieb in dieser Zeit ein Erinnerungsbuch, in dem zu lesen ihr heute einiges Unbehagen bereitet.

Zunächst war das Paar mit dem Umbau und Anbau des Hauses beschäftigt, das sie im Norden Berlins gekauft hatten. Sie arbeiteten beide über ihre Kräfte. Nebenbei besuchte Sigi A. ein Jahr lang eine Hauswirtschaftsklasse der Lette-Schule, in der sich in den fünfziger und sechziger Jahren viele junge Frauen auf ihre zukünftige Aufgabe als Hausfrauen vorbereiten ließen. 1971 und 1974 wurden die beiden Töchter geboren. Allmählich wurde sich Sigi A. ihrer Abhängigkeit bewußt. Sie wurde immer ernster und verdrossener, die Situation schwieriger. In der Ehe sei ihr die

Fröhlichkeit und Lebensfreude abhanden gekommen, mit der sie sich früher über vieles hinweggerettet hatte. Anfangs habe sie für ihren Mann, der als uneheliches Kind ebenfalls in schwierigen Verhältnissen aufgewachsen war, viel Verständnis gehabt und ihre eigenen Bedürfnisse hintangestellt. »Ich hab immer andere eher verstanden als mich selbst und mich überhaupt nicht ernst genommen mit meinen Problemen, sondern die andern immer wichtiger genommen als mich, es hatte etwas Selbstzerstörerisches.«

Nach der Geburt der zweiten Tochter spitzte sich die Lage zu. Von Freunden, denen auffiel, wie unglücklich sie aussah, kam der Vorschlag, eine Paartherapiegruppe zu besuchen, was ihr Mann jedoch vehement ablehnte. Als er schließlich bereit war, sich darauf einzulassen, war ihr bewußt geworden, wie weit sie sich emotional von ihm entfernt hatte und daß sie sich erst einmal über sich selbst Klarheit verschaffen wollte. »Ich mußte erst einmal erwachsen werden. Ich hatte erkannt, daß ich alles mit mir habe machen lassen. Mein Mann sagte damals, wenn ich ihn verlasse, dann schlägt die Liebe in Haß um. Er konnte es nicht verkraften, daß ich, die ich immer so klein war, nun größer und selbstbewußter wurde.«

Und so kam es. Der Kampf um die beiden Töchter, der nun begann und wie so oft auf dem Rücken der Kinder ausgefochten wurde, läßt sie bis heute Schuldgefühle ihnen gegenüber empfinden. Er kämpfte um das Sorgerecht für beide Töchter, und es dauerte eine geraume Zeit, bis die ursprünglich mit den Töchtern vereinbarte Regelung in Kraft treten konnte. Die jüngere Tochter lebte fortan bei der Mutter, die ältere beim Vater. Nachdem Sigi A. konstruktive Unterstützung im Verein alleinstehender Mütter gefunden hatte, gründete ihr Mann den Verein alleinstehender Väter. Heute hat Sigi A. ein gutes, vertrauensvolles Verhältnis zu ihren beiden inzwischen erwachsenen Töchtern.

»Mein Gott, was ich für schweres Gepäck mit mir herumschleppe«

Nach der Scheidung begann sie, wieder zu malen. In der Zeit, als die jüngere Tochter Kunst und Biologie studierte, um Lehrerin zu werden, schrieb Sigi A. sich als Gasthörerin in der Hochschule der Künste ein. Heute bietet sie selbst Malkurse an. Sie hat ein Atelier in Brandenburg und ist an einer Ateliergemeinschaft in Berlin-Tegel beteiligt. Außerdem gehört sie einem Frauennetzwerk an, das sich einem Projekt »Gemeinsames Wohnen im Alter« widmet.

»Die Liebe ist problematisch«, sagt sie, und es klingt wie eine Erklärung dafür, daß sie nicht noch einmal eine längere Bindung eingegangen ist, sondern sich für das Leben als Singlefrau entschieden hat. Ihre längste Beziehung dauerte drei Jahre. Zwei Faktoren sind ihrer Meinung nach dafür verantwortlich, die sie beide auf ihre Vaterlosigkeit zurückführt: Zum einen das von der Mutter unausgesprochen idealisierte Vaterbild, das sie Ansprüche an Männer erheben ließ, die schier nicht zu erfüllen waren, zum anderen ein tiefsitzendes Freiheitsbedürfnis, das ihr von der Mutter vorgelebt worden ist. »Ich habe einen derart hohen Anspruch, den mir keiner erfüllen kann, das ist der Teil, wo ich nicht erwachsen geworden bin, und ein Nachholbedürfnis nach Liebe und Zärtlichkeit, womit ich die Männer überfordere. Irgendwas stimmt immer nicht. Ich wollte immer das haben, was ich nicht kriegen konnte.« Zur Zeit lebt sie allein, ihre letzte Beziehung ist vor sechs Jahren in die Brüche gegangen. »Zunächst lief alles ganz toll, mal umgedreht, er machte, was ich wollte, aber auch das konnte ich nicht lange ertragen.«

Zu ihrer Mutter hat Sigi A. heute ein recht harmonisches, freundschaftliches Verhältnis. Sie nennt sie Marthchen. »Ich habe viel von ihr mitgekriegt, sonst hätte ich das alles gar nicht durchstehen können«, meint sie. In der Zeit der Trennung von ihrem Mann hatte die Mutter eine wichtige und hilfreiche Funktion. Sie unterstützte die Tochter nicht nur finanziell, sie war auch emotional für sie da, wenn sie gebraucht wurde. Für ihre beiden Enkelkinder ist sie eine liebevolle Oma.

Daß ihre Mutter vor 25 Jahren noch einmal eine Beziehung mit einem Mann eingegangen ist, den sie vom Job her kannte, ist für Sigi A. beruhigend und entlastend. Es entbindet sie ein wenig von der Verantwortung, die sie ihrer Mutter gegenüber immer empfand. Lächelnd erzählt sie, daß die beiden im letzten Jahr gewissermaßen »silberne Hochzeit« feierten, obwohl sie nicht verheiratet sind. Bald darauf ging es der Mutter gesundheitlich nicht gut. »Ich dachte schon, ich verliere sie«, sagt sie nachdenklich, »wir haben zwar nicht die Nähe, die ich mir zu einer Mutter immer gewünscht habe, aber sie hat mich in der Kunst unterstützt und mit Berlin, und sie hat nie geklammert, vielleicht, weil sie selbst auch ihren Freiraum brauchte.«

Während des Gesprächs fällt ihr auf, daß es noch viele weiße Flecken in der Familiengeschichte gibt, über die sie die Mutter noch befragen will, zumal diese jetzt im Alter den Fragen ihrer Tochter gegenüber aufgeschlossener ist. Als die Mutter die jahrzehntelang aufbewahrten Briefe des Vaters vor einiger Zeit wegwarf, sei sie selbst nicht so weit gewesen, sie davon abzuhalten. Dabei sei ihr Interesse, die Geschichte des Vaters aufzuarbeiten, in den letzten Jahren immer stärker geworden. Inzwischen habe die Mutter ihre Erinnerungen zum Teil sogar aufgeschrieben, um sie der Tochter und den beiden Enkelkindern weiterzugeben.

Sigi A. hat verschiedene Therapieformen erprobt, Gesprächstherapien, Rebirthing, Familienaufstellung. Besondere Kraft schöpft sie aus spirituellen Therapien. Noch immer ist sie damit beschäftigt, die Gründe für das Scheitern der Ehe und die Voraussetzungen für die Wahl ihrer Partner aufzuarbeiten und in Beziehung zu setzen zu ihrer Vaterlosigkeit. Dabei stößt sie immer wieder auf eine wesentliche Prämisse ihres Lebens,»daß ich ein schlechtes Gewissen hatte, daß ich lebe und die anderen mußten gehen. Beim Rebirthing entstand ein Bild, in dem ich ganz stark war und die gestorbene Schwester in der Ecke sitzt und ich ihr den Platz wegnehme. Dasselbe geschah mit dem Vater, daß ich überleben durfte und er mußte gehen. Mein Gott, was ich für schweres Gepäck mit mir herumschleppe.«

Auch die langjährige Abhängigkeit von ihrem Mann, die »Scheuklappen«, die ihr den Blick versperrten, führt sie einerseits auf ihre Vaterlosigkeit, andererseits auf die gutgemeinte Bevormundung durch ihre Mutter zurück. Die Mutter habe sie mit sanfter Hand zur Unselbständigkeit erzogen. »Ich kam aus dem Mustopf, war schüchtern und klein, ohne jedes Selbstwertgefühl.« Darin und auch in der, wie sie es nennt,»Kopflastigkeit« der Mutter sieht sie die Wurzeln für ihre Aggressionshemmung und ihr permanentes Harmoniebedürfnis.»Es gab zu Hause nie Streit, aber auch keine Trauer und keine Tränen.«

Tränen lasse die Mutter noch immer nicht zu. Es kommt Sigi A. so vor, als hätte sich die Mutter nach der Nachricht vom Tod des Vaters, um den sie ein Jahr lang getrauert hat, Tränen regelrecht verboten. »Ich sag immer, laß sie doch kommen.« Seit einiger Zeit könne sie selbst auch nicht mehr weinen. Das letzte Mal habe sie um den Vater geweint, als sie in der zweiten Hälfte der achtziger Jahre zum erstenmal seine Schwester in Erfurt besuchte. Das war für sie und die Tante eine bewegende Begegnung.

Von ihrem Vater hat sie bis heute eine idealisierte, völlig unrealistische Vorstellung. Sie stellt ihn sich »als einen tollen Mann« vor, »der alles konnte und sehr liebenswert war«. Zur Zeit nimmt sie wieder an einer Gesprächstherapie teil, seit einer starken Depression vor eineinhalb Jahren, »wo ein Teil von mir nicht mehr leben wollte, wo alles wieder aufgerollt wurde. Es geht immer noch viel über den Kopf, aber ich komme nicht an die Trauer heran.« Zwischen den großformatigen, zum Teil collagierten Bildern an der Wand – in Blau, der Farbe für Weite und Grenzenlosigkeit, oder in Gelb, Orange, Rot für Sehnsucht nach Nähe und Herzenswärme – hängt auch eine Serie von Lithographien mit dem Titel *Tränenzyklus*, eine in filigranen Formen und transparenten Pastelltönen gehaltene künstlerische Verarbeitung ihrer vielen ungeweinten Tränen.

Ohne Vater –
die Armut war groß

Ihre Geschichte sei eine »Arme-Leute-Geschichte«, sagt Angela S. zu Beginn unseres Gesprächs und legt ein Foto auf den Tisch, das so gar nicht zu diesem Begriff paßt. Es mutet, obwohl es ein Schwarzweißfoto ist, an wie ein biedermeierliches Genregemälde aus glücklichen, friedlichen Tagen, wären da nicht die Uniform und die Schaftstiefel des Vaters. Eng zusammengerückt, findet die sechsköpfige Familie auf dem modernen Sofa Platz. Der Blick des Vaters auf der rechten Seite ist auf seinen kleinen Sohn gerichtet, der neben der Mutter auf der linken Seite des Sofas steht, einer schönen, jungen Frau, modisch frisiert in einem hochgeschlossenen Kleid aus gemustertem Stoff, wie es damals Mode war. Zwischen den Eltern drei Mädchen. Die jüngere Schwester, die blonden Haare zu einem Hahnenkamm zusammengedreht, schmiegt sich an den Vater. Im Arm hält sie eine Puppe. Die ältere hat Angela auf dem Schoß, ein Baby von einem halben Jahr. Der Junge, dessen Hand im Schoß der Mutter liegt, die sie sanft hält, scheint ausbrechen zu wollen. Sein kindlich erwartungsvoller Blick ist in die Ferne gerichtet. Vater und Sohn rahmen die Mutter und die Schwestern ein, als wollten sie sie beschützen. Alle blicken ruhig und besonnen in die Kamera. Sie scheinen sich des historischen Augenblicks bewußt zu sein, der in diesem Foto festgehalten ist. Es ist das letzte Foto, auf dem der Vater gemeinsam mit der Familie zu sehen ist. Sei es die Bildkomposition oder seien es die geschickten Anweisungen des Fotografen – das Bild hat einen äußerst propagandistischen Gestus. Aufgenommen im Kriegsjahr 1943, wirkt es wie das Trugbild einer heilen Familienwelt, das die illusionistische Hoffnung auf jene Zeit nach dem Krieg nähren soll, wenn der Feind erst einmal geschlagen ist und alle wieder in Frieden zusammenleben. Aber dazu ist es nie gekommen.

Es ist nicht zu erkennen, ob die Eltern in diesem Augenblick noch an den Endsieg und an den Führer glauben, in dessen Namen die Mutter das Mutterkreuz in Empfang genommen hat, welches sie bis zum Ende ihrer Tage in Ehren halten wird. Drei ihrer vier Kinder wurden während des Krieges geboren, gezeugt in Fronturlauben unter dem Bild des Führers, das im Schlafzimmer über dem Bett hing.

Als das erste Kind 1938 geboren wurde, waren die Eltern noch nicht verheiratet. Sie hatten sich in Berlin kennengelernt. Die Mutter, die als Waisenkind in großer Armut aufgewachsen war und keinen Beruf erlernt hatte, arbeitete in einer Fabrik und verdiente sich ein Zubrot, indem sie ein Zimmer ihrer Wohnung im Berliner Stadtteil Steglitz untervermietete. Der Vater, aus Ulm gebürtig, der als promovierter Physiker eine Anstellung bei der AEG gefunden hatte, war bei seiner Wohnungssuche auf ihre Annonce gestoßen. Schon bald nach seinem Einzug entspann sich zwischen den beiden ein Liebesverhältnis. Als wohlerzogener Sohn aus kleinbürgerlichen Verhältnissen – sein Vater war Oberlehrer in Ulm – fügte er sich zunächst den Wünschen der Eltern, die eine Ehe mit der jungen Frau als nicht standesgemäß betrachteten. Erst als das zweite Kind unterwegs war, gaben die Eltern schließlich nach. Das Paar heiratete, aber in den Augen der Eltern des Bräutigams galt die Ehe als Mesalliance. Auch später hieß es immer noch, die Schwiegertochter habe ihren »Untermieter« verführt und sich auf diese Weise »hochgeheiratet«.

Die Eltern hatten sich für ihren Sohn, der sein Studium zügig absolviert und mit summa cum laude promoviert hatte, eine »bessere Partie« gewünscht. Während des Studiums gehörte er einer schlagenden Verbindung an, und wie der Vater war er ein überzeugter Nazi. Er war der Stolz der schwäbischen Familie.

Gedenkminute für »Vati«

Angela S., die im März 1943 geboren wurde, genoß alle Vorteile, die einem Nesthäkchen zuteil werden. Im Gegensatz zu ihren Geschwistern hat sie an ihren Vater keinerlei Erinnerungen. Die Erinnerungen an ihre Kindheit in der Nachkriegszeit dagegen sind Berichte aus einer Zeit, die mit der auf jenem Foto nicht mehr das geringste gemein hat – als habe mit einem gewaltigen Donnerschlag die Szene gewechselt, von der bürgerlich-häuslichen Idylle in eine bittere Armut und wirtschaftliche Not, die fast in die Asozialität geführt hat.

Die Mutter war in den letzten Monaten des Krieges mit ihren Kindern in den Warthegau evakuiert worden. Dort erhielt sie die Nachricht vom Tod ihres Mannes, der im Januar 1945 im Kessel um Königsberg gefallen war. Königsberg war von Sowjettruppen eingeschlossen und am 9. April von der deutschen Verteidigung unter General Lasch den Russen übergeben worden. Nach Aussage eines Freundes des Vaters, der nach dem Ende des Krieges die Familie besuchte, sei der Vater durch einen Bauchschuß umgekommen.

An der Wand im Wohnzimmer hing das Bild des Vaters. Es gab einen Abschiedsbrief und eine letzte Karte, die gemeinsam mit dem Mutterkreuz und den Ehrenabzeichen des Vaters in einer Schreibtischschublade aufbewahrt und wie Heiligtümer behandelt wurden. Von Zeit zu Zeit wurde der Brief hervorgeholt und von den Kindern »unter Tränen verschlungen«, erinnert sich Angela S. Ein mit gestochen scharfer Handschrift geschriebener Brief, in dem sich der Vater mit pathetischen, zärtlichen Worten bei seiner Frau für die Liebe und Treue bedankt, die sie ihm entgegengebracht habe, in dem er sie aber auch auffordert, sich und die Kinder umzubringen, sollten sie in die Hände der Russen geraten. Angela war diese Passage unheimlich, sie verstand sie nicht. Erst Jahre später und nach einem Gespräch mit der Schwester ihres Vaters wurde ihr klar, daß sie wohl unter dem Eindruck der Massaker geschrieben worden war, die die Russen in ostpreußischen Dörfern als Vergeltung für die Greueltaten der Deutschen an der russischen Bevölkerung verübten. Auf der letzten Karte berichtet der Vater von der Hölle, in die er geraten sei und aus der zu entkommen er keine Hoffnung mehr habe. Anders als in dem Brief, aus dem noch immer seine politische Treue zu Partei und Führer spricht, ist die Karte Ausdruck tiefster Verzweiflung und eines Gesinnungswandels, der ihn schließlich jeden Glauben an das Tausendjährige Reich hatte verlieren lassen. Er war 35 Jahre alt, als er fiel. Auf dem Ulmer Friedhof ließen seine Eltern ein Grabmal zum Gedenken an ihren gefallenen Sohn errichten.

In den fünfziger Jahren, als die ersten Transporte mit Kriegsheimkehrern in Friedland eintrafen und jeden Mittag Namenslisten heimkehrender Soldaten im Radio verlesen wurden, hegte Angela, stärker noch als ihre älteren Geschwister, die Hoffnung, daß der Vater doch noch am Leben sein und eines Tages wieder in der Familie auftauchen könnte. »Vielleicht stimmt's ja nicht, vielleicht ist er doch rausgekommen«, flüsterten sich die Geschwister gegenseitig zu. Sätze wie »wenn Vati das wüßte« oder »wenn Vati das doch erleben könnte« waren häufig wiederkehrende Wendungen, mit denen die Mutter ihrer Erziehung Nachdruck zu verleihen suchte. Mit leichtem Schaudern erinnert sich Angela S. an die Silvesterfeiern in ihrer Kindheit. Kein Silvester ohne eine Gedenkminute an ihn, »Vati«, dessen Geburtstag auf den 1. Januar fiel. So wurde jedes Jahr zu Silvester um null Uhr zuerst »Vatis« gedacht, bevor aufs neue Jahr angestoßen werden durfte. Ein peinlicher Augenblick, der sich mit dem fröhlichen Silvestertrubel nicht vertrug und für Angela mit den Jahren zur leeren Floskel wurde, wie manch andere, mit denen das »Phantom Vati« untermauert wurde.

Schokolade für die Mutter, Carepakete und
Kuchenessen in großem Stil

Angelas Kindheit ist überschattet von Aufenthalten in Krankenhäusern, Sanatorien und bei einer Pflegefamilie. Unter größten Strapazen war die Mutter nach Kriegsende vor den herannahenden Russen mit ihren Kindern zurück nach Berlin geflohen, wo sie wieder in die alte Wohnung im Süden der Stadt einziehen konnten, die wie durch ein Wunder nicht zerstört war. Als Kriegerwitwe erhielt sie für sich und ihre Kinder eine Rente, aber die wirtschaftliche Not war groß. Die Kinder gehörten in der Schule immer zu den Ärmsten. Anfang der fünfziger Jahre erkrankte die ganze Familie an Tbc. Zunächst wurden alle in einem Berliner Krankenhaus behandelt. Die Mutter mußte mehrere Male operiert werden und schwebte zwischen Leben und Tod, während die Kinder, die schneller gesund wurden, in verschiedene Sanatorien in Bayern kamen. An das Jahr, das Angela mit ihrer Schwester in einem dieser Sanatorien verbringen mußte, hat sie die schrecklichsten Erinnerungen. Danach wurden beide in ein Waisenhaus in Berlin eingewiesen. In dieser Zeit kam es vor, daß sie den reicheren Kindern und sogar einer alten Dame, für die sie mit ihrer Schwester regelmäßig einkaufen ging, Geld entwendeten. Daran denkt Angela ungern zurück. Es hätte wohl nicht viel gefehlt, und sie wären ins soziale Abseits abgerutscht.

Die Mutter, die sich nur allmählich erholte, durften die Kinder mehr als ein Jahr lang nicht besuchen. Nachdem sie jedoch ein neu entwickeltes Medikament erhielt, das die Tuberkeln einkapselte, verließ die Mutter das Krankenhaus auf eigene Verantwortung, obwohl sie noch immer Blut spuckte. Wenn sie schon sterben mußte, wollte sie zu Hause sterben. Als Haushaltshilfe engagierte sie das junge Mädchen, das ihr während der Evakuierungszeit im Wartegau zugeteilt worden war und zu dem sie den Kontakt wieder aufgenommen hatte. Die Rückkehr der Familie in die kleine Zweizimmerwohnung, in der man jetzt zu sechst Platz finden mußte, hat Angela S. als einen der glücklichsten Augenblicke ihrer Kindheit in Erinnerung. Allein die zur Zeit der Blockade im Tiefflug über ihrem Haus hinwegbrummenden Flugzeuge, die im Minutentakt auf dem nahe gelegenen Tempelhofer Flugplatz landeten, machten Angela angst und erscheinen noch heute in ihren Träumen.

Allmählich wurde auch die Mutter wieder gesund. Obwohl

sie mit dem Haushalt und der Erziehung ihrer vier Kinder ziemlich überfordert war, war die Fürsorge für sie eine fast heilige Aufgabe. Die Kinder waren für sie das Vermächtnis ihres geliebten Mannes und das einzige, das sie noch mit ihm verband. Sie ging völlig in der Mutterrolle auf. Da die Einkünfte aus der Witwen- und Waisenrente nicht ausreichten, putzte sie die Flure des Hauses, in dem sie wohnten. Gemeinsam mit den Kindern unternahm sie Hamsterfahrten in die ländliche Umgebung Berlins. Angela S. wundert sich noch heute über die Widerstandsfähigkeit und Durchsetzungskraft der Mutter, die gerade erst von einer lebensgefährlichen Krankheit genesen war. Schwächen konnte und wollte sie sich nicht eingestehen. »Die Zeit war so, daß man tüchtig sein mußte, sonst kam man da nicht durch«, resümiert die Tochter.

Zwischen der Mutter und den Kindern herrschte eine solch starke emotionale Übereinkunft, daß jede andere Person, die in den seltenen Fällen nach ihnen schauen sollte, wenn die Mutter einmal ausgehen wollte, aus den fadenscheinigsten Gründen von ihnen abgelehnt wurde, und wenn es nur die roten Haare der Freundin waren. Diese Fürsorge war aber gegenseitig. Angela erinnert sich auch an eine Art Obhut und Sorge der Kinder für die Mutter. »Wir nannten sie ›unser Elein‹ und haben sie gern geherzt und geküßt.« Und wenn es bei der Schulspeisung Schokolade gab, ermahnte der Bruder die Schwestern, sie für »Elein« aufzuheben, was vor allem für Angela, die Kleinste, ein schweres Opfer bedeutete. Dafür bekam sie zu Hause dann das größte Stück. Sie selbst hatte zu ihrer Mutter eine besonders enge Beziehung. »Ich liebte sie und wollte sie heiraten und war ganz entsetzt, daß ich sie nicht heiraten durfte.«

Besondere Mühe gab sich die Mutter mit dem Weihnachtsfest. Der Weihnachtsbaum war bunt und kitschig. An ihm hingen Kugeln und Süßigkeiten, die nicht gegessen werden durften, weil sie fürs nächste Jahr aufgehoben werden mußten. Auch ein Weihnachtsmann war obligatorisch. Jedes Jahr wurden die Kinder nachmittags in den Kindergottesdienst geschickt, damit die Mutter in Ruhe die Bescherung vorbereiten konnte. Und jedes Jahr erhöhte sie die Spannung, indem sie beteuerte, diesmal habe das Geld für einen Weihnachtsbaum wirklich nicht gereicht, und immer wieder war die Überraschung groß, wenn dann doch einer dastand, unter dem ein paar kleine Geschenke lagen, ein Ball für alle Kinder zusammen, praktische Dinge für die Schule oder ein Paar rote Igelitschuhe, die alle nacheinander tragen mußten. Auch das Freßpaket von der württembergischen Verwandtschaft gehörte zu Weihnachten, obwohl der Ulmer Opa, ein »Lehrer mit Glatze und randloser Brille«, bei allen vier Kindern nicht beliebt war und sich in der Berliner Familie der Eindruck verstärkte, daß die Ulmer Verwandtschaft sich die Berliner lieber vom Leib hielt aus Angst, sie könnten ihnen auf der Tasche liegen.

Zur Zeit der Blockade erhielt die Familie wie andere kinderreiche Familien Carepakete aus Amerika, die zu öffnen immer ein Fest war. Neben Kartoffelpulver, Milch- und Eipulver gab es auch »Maismehl«, mit dem deutsche Hausfrauen nichts anzufangen wußten und das auf einen Übersetzungsfehler zurückging: Bei der Zusammenstellung der wichtigsten Nahrungsmittel wurde das deutsche Wort »Korn« fälschlicherweise mit »corn« übersetzt, was im amerikanischen Englisch »Mais« bedeutet. Um die Carepakete in Empfang zu nehmen, fuhren die Kinder gemeinsam zur Abholstelle. Die Geschwister waren so unterernährt und spirrelig, daß sie viel jünger aussahen, als sie waren, und in der S-Bahn lange ohne Fahrschein durchgingen. Reichere Berliner Mitbürger, von denen es einige schon wieder gab, wurden aufgefordert, kinderreichen Familien zu helfen. So wurden Angela und ihre Geschwister von Zeit zu Zeit von der Besitzerin eines Lederwarengeschäfts in ihre große Altbauwohnung in der Fasanenstraße eingeladen, zum »Kuchenessen in großem Stil«. Oder der Sohn der Geschäftsinhaberin fuhr die Geschwister in seinem funkelnagelneuen Auto durch die Stadt. Es sei eine harte Kindheit gewesen, aber keine unglückliche, resümiert Angela. »Man träumt von Schönerem, ist aber nicht unglücklich über das, was man hat.«

Die Kinder loszulassen fiel der Mutter schwer

Schwieriger wurde es in den Jugendjahren. So liebevoll und fürsorglich die Mutter mit ihren Kindern umging, solange diese klein waren, so schwierig wurde es, sie loszulassen und zu sehen, wie sie flügge wurden. Jahrelang waren ihre vier Kinder Sinn und Mittelpunkt ihres Lebens gewesen. Nun begann sie, sich überflüssig zu fühlen. Die Ehelosigkeit der Mutter, so stellt Angela S. fest, war ein mindestens ebenso großes, wenn nicht sogar ein größeres Problem als ihre eigene Vaterlosigkeit. Ihre Mutter sei eine intelligente Frau gewesen, auch wenn sie keine Berufsausbildung genossen hatte. Sie hielt die bürgerlichen Tugenden hoch und wollte zeitlebens »was Besseres« sein. Das Namensschild mit dem Titel des Vaters prangte noch viele Jahre an der Wohnungstür, und wenn sie jemand mit »Frau Doktor« anredete, wie das in den fünfziger Jahren durchaus üblich war – die Frauen von promovierten Ärzten oder Rechtsanwälten partizipierten am Titel ihrer Männer –, war sie sichtlich stolz. Sie legte großen Wert auf Bildung, las *Reader's Digest* und war Mitglied in einem der vielen, in den fünfziger Jahren beliebten Buchclubs. Wenn eines der Kinder berlinerte, ermahnte sie es, »ihr seid doch nicht aus dem Wedding«. Ihr Wunsch war es immer gewesen, daß aus ihren vier Kindern einmal »etwas wird« und daß sie es weiterbrachten als sie selbst.

Je mehr diese eigene Wege gingen, um so stärker wurde sie sich ihrer Einsamkeit bewußt. Zeitweise fand sie eine neue Aufgabe als ehrenamtliche Mitarbeiterin in der Berliner Landesverwaltung des Vereins der Kriegshinterbliebenen und -versehrten, zunächst als Telefonistin, später als Kassiererin. Als aber eines Tages Geld in der Kasse fehlte, wurde sie fristlos entlassen. Angela ist sich absolut sicher, daß die Mutter nicht stehlen wollte, sondern das Geld vielleicht nur als Überbrückung benötigte, um es einige Tage später wieder zurückzulegen. Die Entlassung war für sie ein schwerer Schlag. Sie lag jetzt lange im Bett, fing an zu trinken und ließ sich von den Kindern Erdnüsse, Bier und die Zeitung holen, weil sie tagelang nicht aus dem Haus ging. Mehr und mehr litt sie unter der Vorstellung, ihr Leben versäumt zu haben.

Sosehr die Mutter in der Fürsorge für die kleinen Kinder aufgegangen war, so schwach war sie nun, was die Förderung und kritische Begleitung betrifft, die Heranwachsende und Jugendliche benötigen. Die Kinder gingen inzwischen auf die höhere Schule, aber darum kümmerte sie sich so gut wie gar nicht. Wahrscheinlich, so meint Angela heute, hatte sie selbst aufgrund ihrer mangelnden Schulbildung Minderwertigkeitsgefühle und Angst, in den Augen der Lehrer und der anderen Eltern nicht bestehen zu können. Als alleinerziehende Mutter mit vier heranwachsenden Kindern sei sie nun völlig überfordert gewesen. Statt sich um die Schule und die Lebensentwürfe ihrer Kinder zu kümmern, gab sie ihnen das Gefühl, sich um ihre Mutter kümmern zu müssen.

Allmählich aber erwachten ihre Lebensgeister wieder. Der Wunsch, noch etwas vom Leben haben zu wollen, und der Schmerz, vieles versäumt zu haben, veränderten sie. Man konnte, so Angela S., den Eindruck gewinnen, als wartete sie wie ein junges Mädchen auf einen Prinzen, und die Kinder hofften nichts sehnlicher, als daß sie noch einmal einen Mann finden würde. Denn die Mutter glücklich zu sehen hätte sie von einer schweren Bürde befreit. Hin und wieder tauchte nun ein Freund in der kleinen Wohnung auf, einer war »Juwelier und Jude«, wie sie sich, dem Zeitgeist gemäß, ausdrückte. Sie veranstaltete Faschingsfeste in der Wohnung oder bei einem befreundeten Musikerehepaar im Haus, und ihre mittlere Tochter nahm sie mit in die Paprikastuben, ihre Stammkneipe, an die Angela S. sich nur mit sarkastischem Unterton erinnert. Dort flirtete die Mutter mit den Männern, die es eigentlich auf die Tochter abgesehen hatten, und begann mehr und mehr, sich an der Tochter zu messen, mit ihr zu konkurrieren. Das sah dann so aus, daß die Tochter sagte: »Guck mal, das ist ein schönes Kleid«, und die Mutter daraufhin entgegnete: »Meinst du, das steht mir?«

Schließlich lernte die Mutter einen Mann kennen, einen liebens-
würdigen Altkommunisten, der von seiner Ehefrau getrennt lebte und sich um seinen alten Vater kümmerte, dem die Mutter in
geistiger Hinsicht näher stand als dem Sohn. Die Heirat war weniger emotional begründet als von dem Bedürfnis bestimmt, ihrem Leben einen neuen Sinn zu geben. Mit der letzten Witwen-
rente, auf die sie mit der Heirat automatisch verzichtete, machte
das frisch vermählte Paar seine Hochzeitsreise, in einer Isetta
nach Rimini. Aber das Glück währte nicht lange. Nach dem Tod
seines Vaters wurde die Kluft zwischen den Eheleuten größer.
Nachdem auch er zum Pflegefall geworden war, verließ ihn die
Mutter.»Sie wollte ja einen Mann haben, keinen Pflegefall.«

Inzwischen ging auch Angela aufs Gymnasium, obwohl die
Mutter sie eher für verträumt und lebensuntüchtig hielt. Dort
lernte sie eine Mitschülerin kennen, in deren Elternhaus sie zum
erstenmal erfuhr, was die Anwesenheit eines Vaters für heranwachsende Kinder bedeutet. In der Familie gab es ebenfalls drei
Schwestern und einen Bruder. Die aus Ostpreußen stammende
Mutter, die für viele Freunde und Freundinnen der Kinder so etwas wie die sorgende Mutter schlechthin verkörperte, war auch
für Angela ein absoluter Gegentypus zu ihrer Mutter. Und obwohl sie, wie sie sagt, bis dahin nicht unglücklich gewesen war,
keinen Vater gehabt zu haben, erlebte sie hier die Geborgenheit
einer heilen Familie und begann, sich in ihrer Familie nicht
mehr wohl zu fühlen. Sie fing sogar an, sich für ihre Mutter zu
schämen. Ihre Freundinnen wiederum, besonders die aus be-
hüteten, bürgerlichen Familien, fanden den unkonventionellen

Umgangston, der bei ihr zu Hause zwischen der Mutter und den Kindern herrschte, attraktiv und sympathisch. Über Sexualität wurde nicht gesprochen, sie war für Angela S. lange nicht von Bedeutung. Ihren ersten Kuß bekam sie von einem Freund ihrer Schwester. Ihr erster Liebeskummer galt einem Musiker, den sie von Ferne anhimmelte. Was die sexuelle Aufklärung angeht, so bot die Mutter den Kindern zwar ein Gespräch an –»Wenn du Fragen hast, dann komm nur« –, aber es blieb bei diesem verdruckst hingehauchten Angebot. Angela S. hat sich, als sie die Zeit für gekommen hielt, ihren»Entjungferer« wie auch ihren späteren Ehemann, fast möchte man sagen, zielgerichtet ausgesucht.

Die Schwiegermutter als Vertraute

Ihren Ehemann lernte sie Anfang der sechziger Jahre an der Freien Universität Berlin kennen, wo er Soziologie studierte und sie Romanistik und Germanistik. Er war, wie sie sagt, nicht der Mann ihrer Träume, ihre Begegnung keine Liebe auf den ersten Blick, aber seine stille, zurückhaltende Art, mit der er um sie warb, gefiel ihr. Daß sie nicht von Anfang an ineinander verliebt waren und sich erst allmählich annäherten, habe ihrem Verhältnis nur gutgetan.»Es war eine Liebe, die gelernt werden mußte«, sagt Angela S. Ihr zukünftiger Mann war wie sie Kriegswaise. Als einziger Sohn hatte er ein sehr liebevolles Verhältnis zu seiner Mutter, die bald auch für Angela S. eine große Bedeutung erhielt und der sie viel verdankt. Sie setzte ihr Studium in Freiburg fort, wo die Schwiegermutter lebte. Hier brachte sie auch ihre beiden Kinder zur Welt.

In dieser Zeit nahm Angela auch den Kontakt zur einzigen Schwester des Vaters wieder auf, von der sie wusste, daß sie sehr an ihrem Bruder gehangen hatte. Dort erfuhr sie mehr über ihren Vater und versuchte, sich vorzustellen, welche Auseinandersetzungen sie und ihr Vater wohl heute hätten, und ob er ihr ihre brennenden Fragen beantworten könnte und wollte. Was hätte ihr der Vater erzählt von dem Grauen, das er erlebt hatte? Hätte er nicht wie viele andere geschwiegen und ihre Fragen nach der Vergangenheit als Provokation zurückgewiesen? Hätte sie ihn lieben und achten können oder vielleicht sogar gehasst? Schließlich war er als überzeugter Nazi für Volk und Vaterland in den Krieg gezogen.

Im Laufe der Jahre wurde die Schwiegermutter zu einer Vertrauten, von der sie die Hilfe und Unterstützung erfuhr, die ihr die eigene Mutter nicht hatte geben können. In ihr hatte sie die mütterliche Freundin getroffen, die ihr half, ihren eigenen Weg im Leben zu finden und zu lernen, sich zu behaupten. Ihr Selbstbewußtsein sei so gering gewesen und ihre Selbstzweifel so groß, daß ihr der Beruf der Gymnasiallehrerin, »das Bändigen und Zähmen von Kindern«, oftmals als Überforderung erschienen sei. Während ihrer fast vierzigjährigen Lehrerkarriere sei sie oft der Überzeugung gewesen, daß die familiären Verhältnisse, aus denen sie kam, die schlechteste Voraussetzung waren für den Beruf der Lehrerin. »Als Kind dieser Familie hätte ich eigentlich erst einmal einen einfachen Beruf lernen sollen.« Dafür sei sie sich aber viel zu wenig ihrer eigenen Interessen oder Begabungen bewußt gewesen. Da sie nie eine persönliche Förderung erfahren hat, habe sie immer das getan, was man von ihr erwartete. Das hieß, Abitur zu machen und wie viele Mädchen aus ihrer Klasse und aus dem Freundeskreis Lehrerin zu werden.

Angela S. distanzierte sich im Laufe der letzten Lebensjahre der Mutter immer stärker von ihr. Als diese in einem Berliner Krankenhaus an Krebs starb, entzog Angela sich im Gegensatz zu ihren Schwestern fast ganz der Verantwortung. Sie habe sich auch geweigert, die Mutter als Tote noch einmal zu sehen, gesteht sie. Dafür hat sie ihre Schwiegermutter, zu der sie mit der Zeit eine immer innigere Beziehung entwickelte und die ihr zur zweiten Mutter geworden war, beim Sterben begleitet.

Ihre eigene Familie und ihre beiden Söhne, die nicht mehr zu Hause sind, bildeten und bilden für Angela S. den ruhenden Pol. Sie selbst steht kurz vor ihrer Pensionierung und freut sich auf die Zeit danach, das dritte Lebensalter, wie die Spanier es nennen. Die Vorstellung, mit ihrem Mann, der als Universitätsprofessor ebenfalls bald pensioniert wird, gemeinsam alt zu werden, ein Bild, das sie schon früh in sich trug, verbindet sie wieder mit ihrer Mutter. Sie erinnert sich, daß in den wenigen besinnlichen Minuten, die es in ihrer Kindheit und Jugend gab, auch ihre Mutter manchmal davon sprach, wie gern sie mit ihrem Mann alt geworden wäre.

Auf den Spuren
des Vaters

Vor eineinhalb Jahren hat sich Viktoria W. entschlossen, Posaune spielen zu lernen. Am heutigen Vormittag war ihr Lehrer mit ihr nicht zufrieden. Immer wieder habe er sie ermahnt, das Instrument präzise anzusetzen, um einen scharfen, durchdringenden Ton zu erzeugen. Das sei symptomatisch für sie, beginnt sie unser Gespräch, eine Form zu finden sei so etwas Schwieriges, »und das ist meine Kindheit, das ist dieser fehlende Rahmen, das fehlende Muster, nach dem irgendwie das Leben gestaltet ist. Meine Mutter war Alkoholikerin, und so bin ich ohne Vater und mit einer Mutter, die ich stützen mußte, aufgewachsen. Und das bestimmt mein ganzes Leben. Und immer wenn ich darauf angesprochen werde, fange ich an zu heulen. Heute im Unterricht sagte ich mir, der Lehrer kann nichts dafür, nimm dich zusammen. Das ist meine Unsicherheit, nicht bei einer Sache bleiben zu können. Es geht rauf und runter, immerzu. Ich kann mich auf nichts verlassen.« Viktoria ist aufgeregt und aufgewühlt; die Sätze brechen aus ihr heraus, so als würde sie sich von diesen Erinnerungen befreien wollen. »Gukken Sie sich in meiner Wohnung um, wieviel da herumliegt. Ich kann nicht in Fächer sortieren, kann nichts abschließen, ich bereite viel zuviel für eine Stunde vor. Da ist die tiefe Unsicherheit, ob ich überhaupt was kann.«

Von Trauer um den Vater war nicht viel zu spüren

Viktorias Vater war Musiker. Er spielte Oboe. Als der Krieg aus-
brach, hatte er gerade eine zusätzliche Ausbildung zum Kapell-
meister begonnen. Er meldete sich freiwillig zur Marine und leitete die Marinekapelle eines Bataillons, das in Memel stationiert
war. Im Winter 1945 wurde seine Kompanie aufgelöst. Die Soldaten sollten sich in Richtung Kurische Nehrung in Marsch setzen. Nach Königsberg zu gelangen dauerte drei Monate. Auf dem
Weg dorthin fand der Vater vorübergehend auf einem Gut mit
Namen Nastrehnen eine Bleibe. Mehr hat die Familie nie erfahren. Kurz vor Kriegsende, wahrscheinlich bei der Erstürmung
Königsbergs am 7. April 1945, sei der Vater gefallen.

Ein einziges Mal hat der Vater die Tochter gesehen. Er war zur
Taufe im Januar 1944 auf Fronturlaub nach Zwickau gekommen,
wo die Mutter vorübergehend bei ihren Schwiegereltern wohnte und wo Viktoria im Dezember 1943 geboren wurde. Da habe
er sie auf den Arm genommen und immerzu gesagt: »Ach, ist die
niedlich.« »Er fand mich süß und hat mich herumgetragen, und
das ist doch immerhin eine ganz tolle Geschichte«, sagt sie und
muß, während sie den Satz wiederholt, erneut mit den Tränen
kämpfen.

Der Vater galt zunächst als vermißt. Die Mutter hatte beim
Deutschen Roten Kreuz eine Vermißtenanzeige aufgegeben. Ihn
für tot erklären zu lassen brachte sie zunächst nicht übers Herz,
weil sie es den Schwiegereltern nicht zumuten wollte. Erst Mitte
der fünfziger Jahre, nachdem ein Kriegskamerad der Mutter
erzählt hatte, er habe gehört, »der Petermann mußte auch dran
glauben«, ließ sie ihn für tot erklären. Von dem Zeitpunkt an

erhielt sie eine Kriegerwitwenrente, und die beiden Kinder, Viktoria und ihr vier Jahre älterer Bruder, bekamen eine Halbwaisenrente.

Viktoria W. erinnert sich an die Zeit, als die ersten Züge mit Kriegsgefangenen aus Rußland kamen und die Väter einiger Schulfreundinnen heimkehrten. Da hoffte auch sie, daß ihr Vater doch noch zurückkäme. Sie beobachtete die Mutter, wie sie die Zeitung durchblätterte, in der die Heimkehrer aufgelistet wurden. Sobald sie lesen konnte, ging sie selbst die Spalten in der Zeitung durch. Später hat die Mutter behauptet, sie habe so wenig Zeit für ihre Kinder gehabt, weil sie sich um die Gefangenentransporte kümmern mußte. Das aber hält Viktoria W. für eine Lüge. Vielmehr erinnert sie sich daran, daß sie als Kind traurig war, wie wenig Interesse die Mutter an den Heimkehrertransporten zeigte und wie selten sie zum Bahnhof ging. Das ist einer von vielen Punkten, in denen sich Viktoria W. von der Mutter getäuscht und betrogen fühlt.

Von Trauer um den Vater sei in ihrer Kindheit nicht viel zu spüren gewesen. Ein Bild von ihm in jungen Jahren stand auf der Anrichte in der Küche, aber erzählt hat die Mutter nichts von ihm. Im Religionsunterricht wurde den Kindern ans Herz gelegt, die vermißten Väter in das abendliche Gebet einzuschließen. So fügten sie und ihr Bruder den Satz »Und laß meinen Vati gesund wiederkommen« an das Nachtgebet an, das sie vor dem Einschlafen beteten. Aber mit der Zeit geriet dieser Satz zur monoton dahingesagten Floskel.

Die Mutter flüchtete sich in der Nachkriegszeit in den Alkohol. Getrunken habe sie, so vermutet Viktoria, schon vor dem Krieg, gemeinsam mit dem Vater, wenn sie ihn auf Konzerten begleitete. Die Ehe der Eltern war nach allem, was sie von der Mutter später erfahren hat, nicht glücklich. Der Vater habe Freundinnen gehabt und sei »fremdgegangen«, wie man das damals nannte, wann immer sie ihn auf einer Konzertreise nicht begleitete. Gemerkt habe sie es immer an der Art, wie er von den Städten berichtete, in denen die Konzerte stattfanden. War er begeistert, so ging sie davon aus, daß er dort eine Freundin gehabt hatte, äußerte er sich unzufrieden und mürrisch, so war er allein geblieben.

Zweimal hat die Mutter den Vater an der Front in Memel besucht, das zweite Mal, weil in Zwickau das Gerücht umging, er habe dort eine Freundin. So fuhr sie mit Viktorias sechsjährigem Bruder an der Hand nach Memel und stellte den Vater zur Rede. Das erfuhr Viktoria W., als die Mutter davon im Kreis ihrer Freundinnen erzählte, die einander von ihren Erlebnissen aus dem Krieg berichteten. Wer weiß, fragte sie sich, vielleicht waren die Eltern sogar im Streit auseinandergegangen, als sie sich das letzte Mal sahen?

Eine schlimme Kindheit

Die Alkoholabhängigkeit ließ die Mutter nach dem Krieg zu jeder Form von Alkoholika greifen, deren sie habhaft werden konnte, von Bier über Wein bis zu selbstgebrannten Schnäpsen und billigem Fusel. Sie geriet dadurch in zwielichtige Kreise und in bedenkliche Nähe zum kriminellen Milieu. Viktoria W. erinnert sich, wie ihre Mutter eines Nachts von der Polizei abgeholt und die Wohnung durchsucht wurde. Und wie sie mit ihrem vier Jahre älteren Bruder zitternd im Flur stand und nicht begriff, was passierte und wann die Mutter wiederkommen würde. Sie hatte große Angst und wurde nur von einem einzigen Gedanken beherrscht:»Jetzt haben wir keine Mutter und keinen Vater mehr.«

Die Mutter arbeitete als Verkäuferin. Sie war fleißig, denn sie fühlte sich, was den täglichen Lebensunterhalt anging, verantwortlich für ihre Kinder. Aber sie war auch»kein Kind von Traurigkeit«. Wenn sie nach der Arbeit zu einer Feier oder einem Rendezvous eingeladen war, habe sie die Kinder oft schlichtweg vergessen. Viktoria W. sieht sich noch heute, wie sie Abende mit ihrem Bruder auf der Treppe vor der Tür verbrachte, bis die Nachbarn ein Einsehen hatten und sie in ihre Wohnung holten. Dabei blieb sie lieber vor der Tür sitzen, damit die Mutter sie gleich fand, wenn sie nach Hause kam.

In dem Haus, in dem die Eltern schon vor dem Krieg gewohnt hatten, waren sie die einzige Familie, deren Vater nicht zurückgekehrt war. Oft kam es dem Mädchen so vor, als zerrissen sich die Nachbarn hinter dem Rücken der Mutter über deren Lebenswandel und ihre wechselnden Männerbekanntschaften die Mäuler. Die Mutter hatte immer irgendeinen Freund.»Eigentlich«, meint Viktoria W.,»war man in der Zeit viel unmoralischer als heute.« Bei den engen Wohnverhältnissen in der kleinen Zweizimmerwohnung erlebte das Mädchen etliche Situationen, die ihr bedrohlich erschienen, auch wenn sie ihre Bedeutung nur ahnte. Es gab dramatische Szenen. Sei es, daß sich die Mutter, wenn sie betrunken war, mit einem Mann stritt oder daß sich der Bruder, der schon früh eine Art Beschützerrolle eingenommen hatte, mit einem der Männer anlegte. Oft lag sie ganze Nächte schlaflos in ihrem Bett, wenn die Mutter noch nicht zu

Hause war, und fürchtete, sie könnte so betrunken sein, »daß sie den Weg nicht findet oder irgendwo in der Gosse landet«. Das Kind lebte in ständiger Angst um seine Mutter, die zwar den Alltag durchaus meisterte und »ihre Frau stand«, sich aber dennoch sehr schwach fühlte und abhängig von Männern war. Jede zerbrochene Beziehung empfand sie als persönliche Niederlage und narzißtische Kränkung. Viktoria W. verstand das als Kind nicht, aber sie spürte, daß es der Mutter schlechtging, daß etwas nicht stimmte, und sie fühlte sich, obwohl ihr das damals nicht bewußt war, für die Mutter verantwortlich.

So wie der Soldatentod des Vaters kein Thema war in der Familie, so wurden auch Nazizeit und Krieg totgeschwiegen. Als die Kinder in der Schule aufgefordert wurden, die Eltern nach ihren Erlebnissen in der Nazizeit zu fragen, beschrieb die Mutter Szenen, die nicht frei waren von antisemitischen Untertönen. Ressentiments und Vorurteile etwa, daß Juden reich seien und sich für etwas Besseres hielten, waren in den fünfziger Jahren durchaus verbreitet. Viktorias Mutter konnte sich zynische Bemerkungen über das feine Tuch der Kleider und Anzüge der jüdischen Zwangsarbeiter nicht verkneifen, die am Bahndamm in Zwickau zu Räumungsarbeiten gezwungen worden waren. Oder sie mokierte sich mit Sätzen wie »Heute hatten wir wieder eine Wiedergutmachung«, wenn sie in dem Lederwarenladen, in dem sie angestellt war, ein gutes Geschäft gemacht hatte.

Zuwendung und Nestwärme, die Viktoria zu Hause vermißte – die Mutter weigerte sich konstant, sie auf den Schoß zu nehmen –, erfuhr sie bei einer Tante und den Großeltern in Zwickau, bei denen sie als Kind jedes Jahr die Sommerferien verbrachte. »So habe ich Liebe kennengelernt, und ich wußte immer, in der

Not würde ich mich durchbeißen und hinfahren.« Manchmal habe sie davon geträumt, dorthin überzusiedeln. Als die Mutter sie einmal fragte, ob sie lieber bei ihr oder bei der Großmutter wohnen würde – es war frühmorgens und die Mutter noch nicht ganz nüchtern –, und sie gestand, daß sie lieber bei den Großeltern in Zwickau leben würde, brach die Mutter in Tränen aus. »Sie hat mich aber nicht etwa in den Arm genommen oder so was«, fügt Viktoria W. hinzu. Die Mutter war einfach nur gekränkt und gab diese Kränkung an die Tochter zurück, indem sie ihr erneut ein schlechtes Gewissen machte.

Die »schlimme Kindheit« habe ihr, sagt Viktoria W., den Start in ein eigenständiges Leben erheblich erschwert. Sie ist überzeugt davon, daß ihr Leben ganz anders und wahrscheinlich besser verlaufen wäre, wenn der Vater nicht gefallen wäre. Unter diesen Umständen blieb es nicht aus, daß das Bild des Vaters idealisiert und im wahrsten Sinne des Wortes in den Himmel gehoben wurde. »In meiner Verlassenheit habe ich mir gedacht, wenn mein Vater da wäre, der würde sich um mich kümmern. Und immer wenn ich sehr allein war, habe ich gedacht, mein Vater sieht das aus dem Himmel. Vater unser, der du bist im Himmel. Der weiß das, der sieht das, und ich bin nicht allein.« Wenn sie von ihren zwei besten Freundinnen wegen solcher Reden aufgezogen wurde, steigerte sie sich erst recht in ihre Phantasien hinein: »Der ist bei mir, und der stützt mich, und der läßt mich nicht allein, bis ins Erwachsenenalter hinein, also immer. Mein Vater konnte alles.«

Trotz aller Kränkungen und Schwierigkeiten mit der Mutter fiel es Viktoria W. nicht leicht, sich zu lösen. Als sie älter wurde, wünschte sie sich oft, die Mutter würde wieder heiraten. Dann wäre sie die Verantwortung los. Um schließlich von zu Hause wegzukommen, stürzte sie sich in eine viel zu frühe und wenig überlegte Ehe, die von Anfang an unter einem schlechten Stern stand. 1967, nach der Geburt der ersten Tochter, wanderte sie mit ihrem Mann und der Tochter nach Australien aus. Sie lebten dort an verschiedenen Orten, in kleinen Städten oder auf dem Lande, immer von der Hand in den Mund. Ihre beiden anderen Töchter wurden in Australien geboren. 1971, als es nicht mehr weiterging, erklärte sich ihr Mann bereit, nach Europa zurückzukehren. Die Ehe war nicht mehr zu retten. Immer häufiger kam es zu Streitereien, sogar zu handgreiflichen Auseinandersetzungen, worunter vor allem die Töchter litten. »Wenn ihm nichts mehr einfiel, rutschte ihm die Hand aus.«

1977 trennte sie sich endgültig von ihrem Mann. Die Kraft, die notwendig war, um diese Zeit zu überstehen, habe sie wohl von ihrer Mutter geerbt, sagt Viktoria W. Es ist das einzige Mal, daß sie die Mutter lobend erwähnt. »Wenn auch meine Mutter mich vernachlässigt hat, sie war eine starke Frau, und davon hab ich auch was.«

Auf nach Nastrehnen

Nach dem Fall der Mauer faßte Viktoria W. den Entschluß, auf Entdeckungsreise von Memel über die Kurische Nehrung bis nach Königsberg zu gehen und nach Spuren des Vaters zu suchen. Wichtigstes Ziel war Nastrehnen in Ostpreußen. Sie fuhr zunächst nach Zwickau und sah nach vielen Jahren die Tante wieder, die ihr als Kind viel bedeutet hatte. Schon dort stieß sie auf erste Spuren, die sie schicksalhaft anmuteten, zum Beispiel den Namen »Nastrehnen« auf einem ausrangierten Güterwagen, der auf einem Abstellgleis des Bahnhofs stand. Die Recherchen in Ostpreußen erwiesen sich als schwierig. Da es das Gut Nastrehnen nicht mehr gibt, versuchte sie, aus der Lage der benachbarten Dörfer zu rekonstruieren, wo es gelegen haben könnte. Sie durchquerte einsame Gegenden, wo sie auf verrostete Stahlhelme stieß, ein Eßbesteck und Knochen, die aller Wahrscheinlichkeit nach aus der Zeit der russischen Besatzung stammten.

Noch jetzt, wenn sie von dieser Reise berichtet, ist sie bewegt und den Tränen nahe. Es scheint, als fühlte sie sich immer wieder in die Rolle des kleinen Mädchens zurückversetzt, das den Verlust des Vaters nicht verwunden hat. Wie eine Verheißung erschien ihr die Begegnung mit der ostpreußischen Landschaft, die sie schon früher in Gedanken magisch angezogen habe. »Ich muß es gewußt haben, ich muß es gewußt haben«, sagt sie ein ums andere Mal.

Zweimal ist Viktoria W. an diesen Ort zurückgekehrt. Beim nächsten Mal traf sie sich mit der Mutter, die zur selben Zeit eine Kreuzfahrt auf der Ostsee machte, für ein paar Stunden in Memel. Die Mutter führte sie an einige Orte in der Stadt, die sie von früher her kannte. Die dritte Reise machten sie gemeinsam. Es war eine strapaziöse Zeit, weil sich die Mutter nicht an die Abmachung hielt, während der Reise auf Alkohol zu verzichten. Nach der Rückkehr lud die Mutter ihre beiden Kinder und die Enkel zu einem Militärkonzert mit anschließendem Essen ein, ein in ihren Augen angemessener Rahmen, um einen endgültigen Schlußstrich unter die Vergangenheit zu ziehen. Ihren Bericht über die gemeinsame Reise schloß sie mit den Worten: »Nun haben wir ihn endgültig begraben.«

Viktoria W.s Verhältnis zu ihrer Mutter war und ist bis auf den heutigen Tag von Ablehnung und Wut gekennzeichnet. Noch im Erwachsenenalter litt sie unter der Distanz- und Respektlosigkeit der Mutter ihr gegenüber. Sie sei nie bereit gewesen, sie, die Tochter, so anzunehmen, wie sie ist, sondern habe versucht, sie zu gängeln und zu manipulieren. Noch immer hat Viktoria W. das Gefühl, sich wehren zu müssen, um nicht vereinnahmt zu werden. Noch immer fühlt sie sich der Mutter ausgeliefert, wenn sie allein mit ihr ist. »Noch vor zehn Jahren habe ich vor ihr gesessen wie ein Hase, vor Schreck erstarrt, und bin eher eingeschlafen, wenn sie garstig war, statt zu opponieren, also noch irgendwie total gebunden und überhaupt nicht gleichberechtigt. Inzwischen fahre ich ihr über den Mund und gehe, wenn es mir nicht mehr paßt. Aber das war eine Arbeit, das zu schaffen«, sagt sie.

Viktoria W. möchte am liebsten mit ihrer Mutter nichts zu tun haben. Schon über sie zu sprechen bereitet ihr sichtlich Unbehagen. Die alte Dame, eine lebensfrohe, rüstige Fünfundachtzigjährige, ist noch immer voller Unternehmungslust. Sie raucht und trinkt nach wie vor. Ob Viktoria W. sich im Alter um die Mutter kümmern wird? »Nein, das muß ich nicht.« So, wie sie bisher nicht viel für die Mutter gesorgt hat, wird es bleiben. Gleichgültigkeit habe dem früher viel zu großen Verantwortungsgefühl Platz gemacht, zumal die Mutter zu dem Bruder immer ein besseres Verhältnis gehabt habe. Ihm fiel die Aufgabe zu, den Vater zu ersetzen. Er war immer in ihrer Nähe und für sie da, wenn sie männlichen Beistand brauchte. Viktoria W. dagegen hatte immer das Gefühl, nicht weit genug weggehen zu können, um sich ihrem Einfluß zu entziehen – und sei es bis nach Australien.

In den letzten Jahren gehe es ihr besser. Sie sei ruhiger geworden, das Verhältnis zu Männern abgeklärter. »Ich glaube, die ganze Sexualität hat mir das Leben nur schwergemacht.« Inzwischen ist ihr klargeworden, daß es für sie besser ist, einen Freund zu haben, der weiter weg wohnt. »Ich weiß nicht, was ich will, wenn ich mit jemandem zusammen bin. Ich finde meine Bedürfnisse nur alleine heraus. Ich kann mich nicht behaupten. Ich glaube, das geht nicht anders.« Seit 15 Jahren hat sie einen Freund, der wie sie nicht permanent mit einem Menschen zusammenleben möchte. Er ist Psychoanalytiker und erinnert sie entfernt an ihren Vater.

Was sie am meisten mit dem Vater verbindet, ist die Musik. Sie wurde zu ihrem Lebenselixier und Hauptbeschäftigungsfeld. Viktoria W. ist Tanz- und Bewegungstherapeutin. Sie spielt Klavier und seit eineinhalb Jahren lernt sie Posaune. Die Eltern hatten sich vorgenommen, ihren beiden Kindern das Notenlesen beizubringen, bevor sie mit dem Lesen und Schreiben anfingen. Da sich die Mutter auch nach dem Tod des Vaters daran hielt, lernte Viktoria Klavierspielen, bevor sie in die Schule kam. Daß die Mutter das ermöglichte, obwohl in den unmittelbaren Nachkriegsjahren große Armut herrschte, rechnet sie ihr hoch an. Die Musik war für sie zu allen Zeiten Trostspenderin, oft auch Therapeutikum und immer das Bindeglied, das sie mit dem Vater und über ihn mit der Welt aussöhnte. Die Musik half ihr, nach mancherlei Krisen immer wieder festen Boden unter den Füßen zu spüren. Denn trotz der beschwerlichen Kindheit und Jugend geht Viktoria W. mutig durchs Leben. Zu ihren drei

Töchtern und vier Enkelkindern hat sie ein liebevolles Verhältnis. Und sie ist neugierig und unternehmungslustig genug, auch lange Reisen in Kauf zu nehmen, um sie von Zeit zu Zeit wiederzusehen. Denn wenn es etwas Verläßliches in Viktoria W.s Leben gibt, dann ist es die Musik und die Liebe zu ihrer eigenen Familie.

Der abwesende Vater
war stärker, als ein anwesender
es je sein kann

O *mein Papa ist eine wunderbare Mann, o mein Papa ist eine große Kinstler, hei wie er lacht, sein Mund, der sein so groß und breit, und seine Aug' wie Diamanten strahlen.«* Mit kindlicher Stimme beginnt Paula F. zu singen. Sie versucht, ihrem Gesang etwas Unbeschwertes, Fröhliches zu geben, sich in das kleine Mädchen zurückzuversetzen, das sie war, damals, als dieser Schlager seinen Siegeszug aus den deutschen Wohnzimmern um die Welt antrat. Ein Lied, das in seiner schwärmerischen Sentimentalität hervorragend als Projektionsfläche für die Sehnsüchte all jener vaterlosen Töchter geeignet war, die mit Traumbildern von Vätern lebten, die sie nie gekannt haben, aber um so mehr idealisierten und idolisierten – wie die Sängerin, die ihren auf dem Seil balancierenden Vater glorifiziert, während sie gleichzeitig Angst um ihn hat.

Überschwenglich hat mich Paula F. an der Wohnungstür empfangen und mir als erstes mitgeteilt, daß es keinen besseren Zeitpunkt für unser Gespräch geben könne. Sie habe gerade in den letzten Tagen einen großen Schritt gemacht auf dem Wege der Trennung von dem abwesenden Vater, der in ihrem Leben einen großen Raum eingenommen hat. Es gibt zwei Hauptmotive in unserem Gespräch. Das »Leidmotiv« ist der frühe Tod des Vaters, das Leitmotiv der Satz: »Ich bin ein Kind der Liebe.«

Mit diesem Satz, den ihr die Mutter, wie einen Adelstitel, oft und eindringlich gesagt hat, beginnt Paula F. ihr persönliches Statement.

»Ich bin ein Kind der Liebe«

»Ich bin ein Kind der Liebe. Meine Eltern haben sich geliebt, sie haben sich körperlich sehr geliebt. Unter einer warmen Decke am rotglühenden Kamin – meine Zeugung fällt in den kalten Januar – oder – da gibt es noch eine andere Version – unter einer Wolfsdecke auf einem Boot im Seeburger See, was für den Monat Januar ja exotisch ist – beide Versionen sind in meiner Familie im Umlauf –, bin ich wohl gemacht worden. Als ein Kind der Liebe.« Warum habe ihr das der Vater nicht erzählt? »Er hat es mir nicht erzählt, weil er im sogenannten Felde war, wo er dann gefallen ist, was mir die Frage eingegeben hat, warum steht er dann nicht wieder auf. Er wollte mir doch ein Pony schenken.«

An seiner Hand war die kleine Paula schon mit zweieinhalb Jahren geritten. Der Vater nahm sie mit, wenn er während seiner gelegentlichen Fronturlaube die Bauernhöfe der Umgebung abklapperte, um etwas Eßbares für die Familie zu ergattern. Er war darin besonders erfolgreich, »weil seinem Charme keiner widerstehen konnte«. Einmal habe er sie auf eines der Pferde gesetzt, das er sacht am Zügel über den Bauernhof führte. Er sei stolz darauf gewesen, daß das kleine Mädchen gar keine Angst zu haben schien. Auch sie erinnert sich, daß sie völlig angstfrei auf dem Rücken des Pferdes gesessen habe, während sie später, nach seinem Tod, ein großer Angsthase geworden sei. Und weil er so stolz auf sie war, versprach er, ihr bei seinem nächsten Besuch ein Pony zu schenken:»Diese Hand, dieser Blick, diese Liebe!«

Aus dem Feld habe er dann geschrieben:»›Über Paulas Entwicklung freue ich mich bei jedem Brief mehr. Sie ist ein verdammt schlauer Kerl. Nun bin ich gespannt, ob die Lütte ein Brüderchen oder ein Schwesterchen bekommt.‹ Als meine Schwester dann da war, habe ich sie freundlich begrüßt und dann schlicht gesagt: ›Büdersen kann gehen.‹ Ich wollte sie nicht mehr haben. Dann war der Vater plötzlich weg. Es war für alle, für die Familie, Großeltern und Verwandte eingeschlossen, unfaßbar.«

Drei Jahre war Paula F. alt, die 1942 in Göttingen geboren wurde, als die Familie die Nachricht von seinem Tod erhielt. Der Vater war mit 24 Jahren optimistisch in den Krieg gezogen und hat an verschiedenen Fronten gekämpft. Als er der Mutter während eines Fronturlaubs erzählte, er habe etwas von einer Widerstandsbewegung gehört, mit der er sich in Verbindung setzen wolle, reagierte seine Frau entrüstet:»Dafür riskierst du Kopf und Kragen.« Er fiel 1945, vier Wochen vor Kriegsende, im Alter von 31 Jahren bei Königsberg. Er war Leutnant und Ritterkreuzträger.

Von da an beginnt für Paula F. die Zeit der permanenten »Anwesenheit einer Abwesenheit«. Die schmerzvoll empfundene Abwesenheit des Vaters bildet eines der Fundamente, auf denen ihr Leben ruht, und eine Realität, mit der sie sich früh auseinanderzusetzen begann.»Der abwesende Vater war viel präsenter, als der anwesende Vater es je hätte sein können«, resümiert sie und verweist auf eines ihrer Lieblingsbücher, das Romanepos *Para-*

diso des kubanischen Schriftstellers José Lezama Lima, der sich ebenfalls mit der Anwesenheit *(presencia)* der Abwesenheit *(ausencia)* auseinandersetzt. *Paradiso* ist die in einen Entwicklungsroman gekleidete Geschichte des José Cemí, eines empfindsamen Jungen, der im Paradies lebt, solange er beide Eltern um sich hat. Der Tod des Vaters, mit dem die zuvor engen Familienbande zerfallen, bedeutet für ihn die Vertreibung aus diesem Paradies. Für Lezama Lima ist der »Eros der Ferne« der Motor, die kreative Kraftquelle seiner poetischen Produktivität. Durch das Dichten überwand er die Trennung zwischen dem Ich und dem Universum. Aus diesem Grund sei auch sie Dichterin geworden und habe den schmerzlichen Verlust in schöpferische Potenz verwandelt, die ihr half, den Verlust zu überstehen, mit dem Verlust zu leben. »Ich bin durch den gefallenen Vater zwar selber fast zu Fall gekommen, aber ich stehe wieder auf, wechsle bloß die Fronten: vom Felde der Realität zum Felde der Einbildung.«

Der Großvater, der sanftmütige Patriarch, und
die »Kuscheloma«

In Paulas Kinder- und Jugendleben verging kein Tag, an dem nicht von ihm, dem Vater, die Rede war. Sowohl die Mutter als auch die Großmutter erzählten von ihm. Daß er in der Schule nicht immer fleißig gewesen sei und einmal sitzengeblieben war, daß er krumme Beine hatte, wie er einmal mit dem Motorrad die Berge hochgefahren sei. Später habe er sich eine BMW 600 zugelegt, um der Mutter Eindruck zu machen. Die Tulpen, die er ihr mitbrachte, habe er vorm Deutschen Theater geklaut. Oft

82

erinnerte sich die Mutter, was er gedacht, wie er gelacht hat und wie beliebt und wie mutig er war. Die beiden Töchter wurden in vielen Details mit ihm verglichen und gerieten in kindliche Konkurrenzkämpfe darüber, wer mehr von ihm geerbt habe. Sie registrierten alles Gesagte mit penibler Genauigkeit. Wenn die Oma wie beiläufig sagte: »Du hast die Stirn von Papa«, führten sie quasi einen Kampf auf Leben und Tod auf irgendeinem Teppich im Flur. Denn jede wollte die Stirn, die Nase, die Ohren, die Augen von Papa haben. Erst viel später haben sie sich dahingehend geeinigt, daß die eine Schwester den sportlichen und kämpferischen Anteil des Vaters verkörpere, die andere den künstlerisch-musischen und dichterischen Anteil. So ist die eine Richterin geworden, die andere Dichterin.

Ihrer beider Kindheit sei abgesehen von dem einen großen Verlust, der großen Leerstelle, eine glückliche Zeit gewesen. Groß geworden in Göttingen, der Stadt der Liebe – »bei uns auf dem Wall knutschten so viele Pärchen, da kam Paris nicht mit« –, erlebten beide Schwestern eine behütete, liebevolle Kindheit im Schoß einer bürgerlichen Großfamilie, die in einem Villenviertel außerhalb des Walls eine Gründerzeitvilla bewohnte. Unter der Obhut der Großeltern lebten hier Paula F. mit ihrer Mutter und der jüngeren Schwester und die Familie der Schwester der Mutter. Für die Kinder war das große Haus mit seinen zahlreichen Zimmern auf verschiedenen Etagen, mit den langen Fluren und einem Türmchen, zu dem eine Wendeltreppe führte, deren Geländer vor allem zum Runterrutschen geeignet war, ein Schloß.

Die Kinder hatten viele Freiheiten, wurden in jeder Beziehung gefördert und unterstützt und konnten ihre Begabungen jede in der ihr eigenen Weise entfalten. Zu der im Haus wohnenden Rasselbande gehörten außer Paula und ihrer Schwester noch zwei Cousins und eine Cousine. Wenn alle zu Hause waren, waren sie an dem großen Tisch im Eßzimmer 16 Personen: eine Familie, in der etwas von der Aura des 19. Jahrhunderts weiterlebte.

Im Herrenzimmer, in dem auch die Bibliothek ihren Platz hatte, residierte der Großvater – ein sanftmütiger Patriarch. Er hatte eine Mineralien- und eine Schmetterlingssammlung, und manchmal durften die Mädchen die auf Nadeln aufgespießten, zarten Insekten eingehend betrachten. Über den Bücherschränken hingen tibetische Gottheiten, die eine besondere Faszination auf die Kinder ausübten. Verwandte und Freunde kamen aus vielen Teilen der Welt zu Besuch und sorgten für eine kosmopolitische Atmosphäre im Haus: ein Onkel, der Geiger war, kam aus Vancouver, ein anderer, ein Botschaftsrat, aus Peking. Die Kultur wurde hochgehalten, und auch Paulas Lust auf die Welt hat im Elternhaus ihre Wurzeln.

Von dem Großvater fühlte sie sich besonders beschützt und gefördert. Er habe einen Blick für ihre Seele gehabt, sagt sie und erinnert sich an die sonntäglichen Spaziergänge mit Opa Karl über den Hainberg zu Pastor Schiller, in dessen Kirche sich sonntags die akademischen Honoratioren der Stadt, die Professoren und ihre Studenten trafen. Auf die Frage, was das kleine Mädchen einmal werden wolle, antwortete es zur Belustigung der um sie versammelten Herrenrunde: »Dogmatikerin. Damit ich bestimmen kann, was die anderen glauben sollen.« Im Botanischen Garten, zu dessen Direktor der Großvater in den fünfziger Jahren ernannt worden war, hatte Paula ein Beet, das sie nach eigenen Wünschen bepflanzen konnte. Die auf den ausrangierten Emailleschildern eingravierten lateinischen Pflanzennamen lernte sie auswendig, um sie zu gegebener Zeit zum Entzücken der Erwachsenen altklug herunterzuspulen.

Ein unverkrampfter, humorvoller Umgang mit Kultur und Wissenschaft bildete das weitgehend vom Großvater geprägte geistige Flair im Hause. Er propagierte das unkonventionelle und innovative Ideenspiel und animierte dazu, sich nicht anzupassen, seine eigenen Ideen zu verfolgen, »aus der Spur zu fallen«, etwas zu riskieren. Wenn er sich spaßhaft mit einer Erfindung brüstete, und sei es auch nur der Bimsstein, brüstete sich die Großmutter scherzhaft mit einer neuen Gänsebratensauce. Die kleine Paula rief dann vom Katzentisch ein neues Wort hinüber, das sie gerade erfunden hatte und das der Großvater wie eine Kostbarkeit aufnahm. Sie mochte diese humorvolle Art der Anerkennung, die wesentlich zur Bildung ihres Selbstwertgefühls beigetragen habe. Als der Großvater starb, war sie elf Jahre alt. Sein Tod hatte eine ähnliche Erschütterung zur Folge wie der Soldatentod des Vaters neun Jahre zuvor. Nur war sie jetzt älter und verstand, was geschehen war.

Der Großvater, der vor dem Krieg Professor für Organische Chemie an der Universität in Göttingen gewesen war, hatte in der NS-Zeit passiv Widerstand geleistet und 1936 seinen Lehrstuhl verloren. Nach dem Krieg wurde er von den Engländern als erster Professor wieder eingestellt. Paula F. bewundert seine Kraft, die er aus dem Glauben und aus seiner Lebenserfahrung gewonnen habe. Der Vater dagegen sei noch zu jung gewesen, um die Nazis durchschauen zu können, meint sie, um den Vater vor möglichen Vorwürfen in Schutz zu nehmen. Es fällt ihr nicht leicht, sich vorzustellen, wie sich der Vater in dem Göttinger Bürgerhaushalt nach dem Krieg gefühlt, was er gearbeitet hätte. Er hatte sein Studium der Germanistik und Geschichte noch nicht abgeschlossen, als er eingezogen wurde. Vielleicht wäre er Lehrer geworden oder Schriftsteller oder Journalist. Zwei vergilbte Zeitungsartikel hat sie aufbewahrt. »*Ich schnitt es gern in alle Bänke ein.* Auszüge aus der bisher unveröffentlichten *Göttinger Bank-Lyrik*« ist eine Sammlung von Sprüchen und Versen, die der Vater in den Holzbänken im Park oder im Hörsaal eingeritzt fand und zusammengetragen hat.

Der Vater stammte aus einfacheren Verhältnissen, und aus Spaß sagte die Mutter manchmal, er habe sich »hochgeheiratet« und sie habe ihm den Gebrauch von Messer und Gabel beigebracht. Sie war siebzehn, als sie ihren späteren Mann kennenlernte. Mit achtzehn heiratete sie ihn, nachdem sie noch schnell das Notabitur gemacht hatte. Mit zwanzig bekam sie ihr erstes Kind, und ein gutes Jahr später war sie Witwe und alleinerziehende Mutter von zwei kleinen Mädchen. Sie machte eine Ausbildung als Krankengymnastin und eröffnete eine Praxis im Seitenflügel der elterlichen Villa. Viele Jahre später, als die Töchter längst aus dem Haus waren, hat die Mutter noch einmal geheiratet, einen Schüler des Großvaters. Es war, vermutet die Tochter, die pure Angst vor der Einsamkeit, denn dem Vergleich mit dem Vater hielt auch dieser Mann wie andere zuvor nicht stand: »Da gab's gar nichts, da kam niemand ran.«

Die Eltern des Vaters lebten im benachbarten Goslar. Sie wurden »die armen Großeltern« genannt. Aber sie waren im Haus der reichen Verwandten in Göttingen immer gern gesehen. Opa Karl aus Göttingen und Opa Willy aus Goslar »waren sich im Nu

einig«. In Goslar, bei Oma Marie, die die »Kuscheloma« genannt
wurde, verbrachten die Mädchen ihre Ferien. Dort wurden sie
gehätschelt und gepäppelt und mit den Köstlichkeiten aus dem
Garten verwöhnt.

Ein kleines Stück Papier

Paula F. kann sich sehr genau an ein kleines Bild des Vaters erinnern. »Da gibt es ein Foto, da bin ich drei oder dreieinhalb, und
die Unterhosen hängen runter, wie das damals so war, und die
Mutter hält mir ein Foto hin und sagt: ›Das ist dein Papa.‹ Und
jetzt siehst du, wie sich diese kleine Maschine Paula in Bewegung
setzt, über die Knie fällt, über die Socken, über die Schuhe, nur
um zu diesem Papa zu gelangen. Und was ist am Ende dieses
Laufs in die Liebe? Ein Stück Papier. Du kannst nicht von einem
dreieinhalbjährigen Kind irgendeine Form von Abstraktion er-
warten. Diese Enttäuschung habe ich mir später mehrfach im
Leben zugefügt.«

Es ist diese Urszene eines Verlusts, eines tief im Innern
verborgenen Gefühls, verlassen worden zu sein, die sie in ihrem
Leben wiederholte: die größte Liebe, unabwendbar gekoppelt
an den schmerzlichsten Verlust. »Immer wenn ich denke, aha,
das ist der Liebste, lasse ich mich mit einem Stück Papier abspei-
sen. So war es in meiner ersten großen Liebe und in der vorerst
letzten, die ich gerade überwinde. Aber während ich bei der ersten noch gar nicht begriff, daß ich die Urszene meiner Kindheit
wiederhole, stellt die nun gewonnene Klarheit ein befreiendes
Moment dar.«

Als selbständige, freiheitsliebende Frau lebt sie heute in der

Ambivalenz zwischen der eigenen Unabhängigkeit und der Abhängigkeit, die eine Liebesbeziehung mit sich bringt. So ist auch die Anwesenheit des Liebsten schwer zu ertragen für jemanden, der wie sie auf Abwesenheit programmiert ist. Auf das Glück der dauernden Anwesenheit des Liebsten sei sie bis jetzt nicht vorbereitet gewesen, strebe sie vielleicht auch gar nicht an, da sie darin eine erhebliche Einschränkung der eigenen Freiheit fürchtet. Das Schwierige sei, sich die Freiräume für die eigene Arbeit zu schaffen, ohne den anderen zu kränken und seinen Verlust zu riskieren. Für das ambivalente Verhältnis zwischen Nähe und Ferne des Geliebten hat sie den Terminus »Sehn-flucht« erfunden, wobei der Übergang von der »Sehn-sucht« in die »Sehnflucht« fließend und schwer zu kontrollieren sei.

Ein Ausweg aus der »narzißtischen Blase«, in der sie sich nach eigenen Worten eingerichtet hat, eröffnete sich, als sie kürzlich einige Wochen als Leiterin eines Schreibkurses mit österreichischen Studenten auf einer ionischen Insel verbrachte. Sie hatte die Kindheitserfahrungen als thematischen Schwerpunkt gewählt. Die Studenten erzählten von ihren Defiziten und den Auswirkungen der kindlichen Erfahrungen auf ihr Leben, auf Freundschaften und Liebesbeziehungen. Es entstand ein großes Vertrauen innerhalb der Gruppe, ein Schutzraum, in dem jedem einzelnen bewußt wurde, daß uns die Schatten der Kindheit ein Leben lang begleiten. Sie lösen sich nicht auf »wie *café soluble*«.

Das Vaterpferd

Vom Fenster ihrer hellen, mit wenigen ausgewählten Möbel-
stücken eingerichteten Wohnung im vierten Stock eines alten
Mietshauses in Berlin-Mitte hat man einen herrlichen Blick über
die Dächer der Innenstadt. Zwei Pferde zieren seit ein paar Wochen das Arbeitszimmer. Das eine, das kleinere, steht bescheiden
an der Wand zwischen Tür und Bücherregal. Es ist mit buntem,
glänzendem Stoff bezogen und hat etwas Kindlich-Verspieltes.
Paula F. hat es vor vielen Jahren in Paris gekauft, als Reminis-
zenz an das Pony, das ihr der Vater einst hatte schenken wollen.
Das andere entdeckte sie ein paar Wochen nach ihrer Rückkehr aus Griechenland zufällig in einem indischen Laden in der
Friedrichstraße. Ein ebenso schillernd bezogenes, prächtig ver-
ziertes Pferd, das etwas Gravitätisches ausstrahlt. Als sie es im
Schaufenster des Ladens stehen sah, traf es sie wie ein kleiner
Stromschlag, sie kaufte es und trug es nach Hause – das »Vaterpferd«, die Inkarnation ihres Verhältnisses zu ihrem lebenslang
abwesenden Vater.

Ein paar Wochen standen die beiden Pferde in ihrer Wohnung beieinander, beguckten, beschnupperten, beleckten und
beäugten sich. Dann hat sie das Vaterpferd auf den Schrank ver-
bannt. Sie hat es noch nicht ganz aus ihrem Alltag verwiesen,
aber aus dem Weg geräumt, um wieder Platz für Freunde und
vielleicht auch für einen neuen Geliebten zu schaffen. Sie hofft,
daß ihr das Pferd auf dem Schrank hilft, die schwierige Balance
von Nähe und Ferne in den Griff zu bekommen. »Zum Zeichen
der Überwindung Stoff geworden, steht das Vaterpferd auf dem
Giftschrank, der meine unveröffentlichten Manuskripte und

Tagebücher enthält: ein schwarzer Hengst aus Indien mit Perlengehängen und güldenen Plättchen, die sie in ihm und ihn in ihr widerspiegeln.« Dazu fällt ihr der Sinnspruch ein: »Das höchste Glück der Erde liegt auf dem Rücken der Pferde.«

Die Dichterin

Schon als Kind hat sich Paula F. in die Phantasie geflüchtet. »Einbildung ist auch Bildung« war ein Wahlspruch im Elternhaus. Mit sieben wußte sie, daß sie Dichterin werden wollte, worin sie von den Lehrern und Mitschülern bestätigt wurde. Stundenlang hat sie vor der Klasse Geschichten erzählt und gedichtet. Dafür war sie vom Sport befreit und wurde in der Schule mit Samthandschuhen angefaßt.

Nach dem Abitur wollte sie so weit weggehen wie möglich. Sie studierte Philosophie, Komparatistik und Religionswissenschaft in München, Berlin und Paris. Ihre Doktorarbeit schrieb sie über André Bretons Roman *Nadja* und die *Mythologie des Surrealismus.* Zunächst sah es so aus, als würde sie die akademische Laufbahn einschlagen. Sie nahm Lehraufträge an der Universität Vincennes von Paris an und war wissenschaftliche Assistentin an der École Normale Supérieure de l'Enseignement Technique in Paris. Seit 1982 lebt Paula F. als freie Schriftstellerin und Performance-Künstlerin wieder in Deutschland, zunächst in Berlin, dann in Frankfurt und jetzt wieder in Berlin.

»In alltäglichen Dingen bin ich ein Hasenfuß«, sagt sie von sich, »aber in der Ästhetik bin ich ein Kamikaze.« Diese beim Schreiben vorhandene Sicherheit geht für sie auf den Einfluß des Großvaters zurück, der ihr schon als Kind vermittelte, daß man in der Wissenschaft und in der Kunst nur weiterkommt, wenn man etwas riskiert und neue Wege beschreitet. In ihrer Dichtung verbindet sie die im Studium erworbenen literatur-theoretischen und -historischen Kenntnisse mit persönlichen, autobiographischen Elementen. Sie inszeniert ihre Dichtung in Performances, in denen sie Geist und Körper auf ungewohnte Weise miteinander verbindet, denn Dichten hat für sie mit dem Körper zu tun. Ihr Ziel ist es, den »unterbrochenen Dialog von Vernunft und Wahn« wiederaufzunehmen. Dabei überschreitet sie die Grenzen zwischen den literarischen Gattungen ebenso wie die Grenzen zwischen Wissenschaft und Kunst. Ihre Texte sind gespickt mit Zitaten, Anspielungen und literarischen Fundstük-ken. Splitter aus der Traumgrammatik Freuds und der struk-turalistischen Theorie Lacans verwebt sie mit poetologischen und komparatistischen Gedankenfragmenten und Einflüssen der *Écriture automatique*. Sie selbst fungiert dabei als Dichtungs-maschine. Ihr Arbeitsmaterial, das Papier, hat sie in »Pappapier« umbenannt.

Den Mut, sich in dieser Weise literarisch zu exponieren, nimmt sie aus der geistigen und emotionalen Geborgenheit des kulturell geprägten Elternhauses und aus dem Geschenk, das ihr die Mutter mit der Vergewisserung gemacht hat, sie sei ein Kind der Liebe. Paula F. hat im Dichten zu sich selbst gefunden, indem sie den elementaren Verlust des gefallenen Vaters in ein produktives, inspiriertes Leben überführt hat, in dem »Realitäts-verlust« und »Einbildungsgewinn« in einem korrelierenden Ver-hältnis zueinander stehen.

Am Ende des langen Weges von dem vom Vater verlassenen und in der Welt ausgesetzten kleinen Mädchen, das vergeblich auf das Pony wartete und das briefmarkengroße Bild des Vaters empört zurückweist, über viele schmerzliche Erfahrungen des Verlassenwerdens und doch Nichts-dagegen-tun-Könnens bis zur wundersamen Begegnung mit dem perlenbesetzten Hengst aus Indien, dem Vaterpferd, steht die Erkenntnis: »Die beste Art, die Zukunft vorherzusehen, ist, sie zu erfinden. Wenn du das wirklich umsetzt, bedeutet es, du kannst dich in dein Glück hineinschreiben.«

Schutzlos und ohne Vater –
ein ewiger Schmerz

Die weitläufige Altbauwohnung in dem noblen Gründerzeithaus im Berliner Westen, in der Maja K. seit vielen Jahren wohnt, ist ein gern frequentierter Treffpunkt ihres großen Freundeskreises. Eine kleine, zierliche Frau, strahlt sie dennoch fast etwas Königliches aus, wie sie da in ihrem Lieblingssessel im Berliner Zimmer sitzt und Geschichten aus ihrer Kindheit erzählt, während der weiße Siamkater es sich auf ihrem Schoß bequem gemacht hat. Die alten Zeiten gehen ihr häufig durch den Kopf. Das mag an ihrem vor einem Jahr geborenen Enkelsohn liegen, dem sie sich mit großmütterlicher Fürsorge widmet. Grund genug, in die Annalen der eigenen und der Familiengeschichte einzutauchen.

Maja K. ist das Kind einer außerehelichen Beziehung.

Ihre Herkunft umschreibt sie mit einem ironischen Aperçu: »Meine Mutter war verheiratet, und mein Vater war verheiratet, aber beide nicht miteinander. Wenn ich guter Dinge bin, sage ich, ich bin das Ergebnis eines doppelten Rittbergers.« 1941 in Łódź im damaligen Warthegau geboren, trug Maja den Familiennamen des Mannes, mit dem ihre Mutter verheiratet war, von dem sie sich aber sofort nach dem Ende des Krieges scheiden ließ und den Maja K. nie kennengelernt hat. Ihr leiblicher Vater ist kurz nach ihrer Geburt in Rußland gefallen. Sie ist sich nicht sicher, ob er noch von ihrer Geburt erfahren hat. Auf ihren letzten Brief bekam die Mutter keine Antwort, statt dessen die offizielle Mitteilung: »Dr. W. als Held gefallen. Heil Hitler!« Der Bruder ihres Vaters wurde von Majas Mutter zu ihrem Patenonkel ernannt, wodurch der Kontakt zur Familie ihres Vaters erhalten blieb. Majas Verhältnis zu den drei Halbgeschwistern ist bis auf den heutigen Tag zwiespältig. Eine der beiden Halbschwestern weigert sich beharrlich zu akzeptieren, daß ihr Vater ein Kind außerhalb der Ehe gezeugt hat, und sprach sogar einmal davon, gegen die Behauptung juristisch vorzugehen. Die andere Halbschwester, die, zu der Maja K. ein besseres Verhältnis hat, riet ihr, eine Genanalyse machen zu lassen. Es existiere ein Blutstropfen des Vaters aus Studententagen, als er einer schlagenden Verbindung angehörte. Obwohl Maja K. keine Veranlassung hat, ihrer Mutter nicht zu glauben, bleibt ein Rest von Zweifel, ein »wackelndes Identitätsgefühl«, wie sie es nennt.

Als Flüchtling in einem niedersächsischen Dorf

Maja K. verbrachte die ersten drei Jahre ihres Lebens mit der Mutter und der Großmutter in einer Ortschaft in der Nähe von Posen, wo die Mutter eine Teppichfabrik leitete, deren polnischer Besitzer von den Nazis enteignet worden war. Die Familie lebte auf einem nahe gelegenen Gut. Vom Krieg war hier nicht viel zu spüren. Als die Russen kamen, floh die Großmutter mit dem dreieinhalbjährigen Mädchen nach Niedersachsen, in ein Dorf in der Lüneburger Heide. Die Mutter hatte sich vorher über Berlin allein durchgeschlagen und bereits für ein Quartier gesorgt.

Erinnerungen an den Krieg und die Flucht hat Maja K. nicht.

Sie berichtet aber, daß sie noch als Erwachsene immer wieder den gleichen Traum hatte. Sie mußte mit vielen anderen durch Gräben kriechen, während von allen Seiten geschossen wurde, unter höllischem Gelächter. »Nichts Verbürgtes und als eigenes Erleben eher unwahrscheinlich«, fügt sie hinzu. Man hatte dem Kind einen Beutel mit den wichtigsten Daten um den Hals gehängt, für den Fall, daß es verlorengehen würde. Später sei manchmal die Rede davon gewesen, daß die Großmutter mit dem Mädchen um ein Haar auf der »Gustloff« gelandet wäre, dem Schiff, das nach heftigem Beschuß durch ein sowjetisches U-Boot in der Ostsee gesunken war und etwa 9000 Passagiere, die meisten von ihnen Flüchtlinge, mit in die Tiefe gerissen hatte.

Nach der Ankunft in dem niedersächsischen Dorf atmete die Familie auf, weil die unmittelbare Bedrohung zu Ende war. Nun ging es ums Überleben, das hieß, ums »Organisieren« von Lebensmitteln bei den Bauern in der Umgebung. Das Tauschgeschäft florierte. Unter den Flüchtlingen kursierte die Behauptung, daß sich die Bauern die Schweineställe mit Perserteppichen tapezieren könnten. Hunger gelitten hat Maja K. nie. Aber sie erinnert sich an das Gefühl der Fremdheit und an die Feindseligkeit, die ihnen von den Einheimischen entgegengebracht wurde. »Dumpf« seien sie gewesen und hätten »Köpfe wie Zuckerrüben« gehabt, wie sie als Kind sagte. Zwischen den Einheimischen und den Flüchtlingen verlief eine klare Trennlinie. Das vom Krieg weitgehend verschonte Dorf hatte die Flüchtlinge nur widerwillig aufgenommen. Zunächst war die Familie beim Dorfschmied einquartiert worden, gemeinsam mit anderen Flüchtlingen, meist Frauen mit Kindern. Abends saßen die Frauen in der Küche zusammen und erzählten von ihren zum Teil traumatischen Kriegserlebnissen. Maja verstand nicht, aber ahnte dunkel, was »Vergewaltigung« bedeutet.

Nur kurze Zeit hatten im Dorf chaotische Verhältnisse geherrscht, denn die Gegend war zunächst sowjetisch, dann englisch besetzt. Als die Engländer einmarschierten, gab es kleinere Straßenkämpfe, und die Einwohner des Dorfes wurden angehalten, in die Keller zu gehen. Einmal gelang es Maja zu entwischen. Und als sie auf den Hof trat, stand sie einem englischen Soldaten gegenüber, der in der Asche herumstocherte. Erschrocken wich sie zurück. Es blieb ihre einzige Erinnerung an den Krieg und war schon fast ein Bild des anbrechenden Friedens.

Andere Geschichten kursierten als Anekdoten in der Familie. Ein russischer Soldat habe einmal die Pfarrersfrau bedrängt, den Schnaps herauszurücken, der im Keller gehortet war. Als sie sich weigerte, kam es zum Streit. Der Soldat schwang schon die Bodenvase über dem Kopf des Pfarrers, als Majas Mutter, die als Schlichterin gerufen worden war, weil sie etwas Russisch konnte, hinzukam. Sie habe die Pfarrersfrau gezwungen, den Schnaps herauszurücken, und der Abend endete in einer feuchtfröhlichen Verbrüderung zwischen den siegreichen Soldaten und einigen Dorfbewohnern.

Das Mädchen fühlte sich trotz allem wohl im Dorf und seiner Umgebung. Es war eine »wilde und glückliche Zeit«. Die Flüchtlingskinder bildeten kleine Banden. Sie dehnten ihr Terrain in die Felder und Wälder der Umgebung aus und »besetzten« den alten Kirchhof in der Mitte des Dorfes, wo sie Räuber und Prinzessin spielten. In dieser ländlichen, beschaulichen Gegend ging das Leben nach dem Ende des Krieges fast nahtlos weiter. Vom

Anbruch einer neuen Zeit war hier wenig zu spüren. Schließlich sah alles noch so aus, als hätte es nie einen Krieg gegeben. Und wahrscheinlich, so Maja K., gab es auch noch überzeugte Nazis unter den Dorfbewohnern, war nationalsozialistisches Gedankengut noch lebendig.

Maja K. ist in einem reinen Frauenhaushalt, »in matriarchalischen Verhältnissen«, aufgewachsen. Da die Mutter viel unterwegs war und schon bald eine Arbeit im Flüchtlingslager der Kreisstadt gefunden hatte, kümmerte sich die Großmutter um das Kind, das im übrigen weitgehend sich selbst überlassen war. »... *Großmutter, Mutter und Kind / In dumpfer Stube beisammen sind*«, zitiert sie aus einer Ballade von Gustav Schwab, die die Großmutter ihr abends vor dem Zubettgehen vorlas. Das Repertoire der Großmutter an Gedichten und Geschichten war groß, und Maja liebte Erzählungen aus alten Zeiten, wie sie auch der Schuster erzählte, in dessen Werkstatt sie oft saß. Sie vermittelten ihr etwas von der Wärme und Geborgenheit, nach der sie sich sehnte. Die Großmutter repräsentierte das Normale, das Alltägliche. Sie war die Schutz- und Trutzburg gegen die Außenwelt. Die Erinnerungen an sie und an das Leben auf dem Dorf enthalten in ihrer Erzählung etwas Biedermeierliches und hören sich an wie Geschichten aus dem 19. Jahrhundert.

Die Mutter verkörperte das Hier und Jetzt. Ihr zäher Überlebenswille, ihr Mut und ihre Tüchtigkeit, »wie sie viele Frauen zu dieser Zeit haben mußten«, halfen ihr, eine neue Existenz aufzubauen. »Die Mutter war selten da«, erinnert sich Maja K. Sie brachte Leben, aber auch Unruhe und Unordnung in den kleinen Haushalt. Während der Woche wohnte sie in der Kreisstadt Uelzen, und wenn sie am Wochenende nach Hause kam, brachte sie ihrer Tochter immer etwas Besonderes mit. Die ganze Woche über freute sich das kleine Mädchen auf die Ankunft der Mutter. Dann folgte jedesmal die Enttäuschung, denn natürlich hatte die Mutter auch diesmal keine Zeit für ihre Tochter.

Das Bild der ausgestreckten Kinderarme, die langsam niedersinken, hat sich in ihr Gedächtnis eingegraben. Die schönsten Momente waren die, wenn sie bei der Mutter, die Pianistin hatte werden wollen und einer verpaßten Pianistenkarriere nachtrauerte, auf dem Schoß sitzen durfte, während diese Klavier spielte. Mit »viel zuviel Pedal«, wie die Tochter feststellte, als sie älter geworden und ihr die sentimental-pathetische Vortragsweise der Mutter unangenehm geworden war.

»Ich weiß schon alles«

Behutsam und mit Zurückhaltung formuliert Maja K. ihre Erinnerungen aus den innersten Zonen ihrer Kindheit, wie Kleinodien aus einer Schatztruhe, deren Öffnung ich zufällig beiwohne. Von Zeit zu Zeit hält sie inne, um nach dem passenden Wort zu suchen. Was ist Wirklichkeit und was Legende? Manchmal weiß sie es selbst nicht genau. Sie hat ein Faible für Legenden, Mythen und Geschichten, in denen ein geheimnisvoller Rest bleibt. Denn sie gehört nicht zu denen, die meinen, alles rational erklären zu können, sondern zu denen, die wissen, daß »es mehr Dinge zwischen Himmel und Erde gibt, als unsere Schulweisheit sich träumen läßt«. Manchmal hat sie versucht, sich vorzustellen, was aus ihr geworden wäre, wenn ihre Eltern tatsächlich nach Hawaii ausgewandert wären, wie sie es für kurze Zeit erwogen hatten. »Auch so ein Mythos«, fügt sie lächelnd hinzu.

Auch um ihren Vater ranken sich Legenden. Als Kind hatte sie keine rechte Vorstellung von ihm. Sie wußte nur, daß er ihr fehlte und daß sie gern einen Vater gehabt hätte, um im Dorf »auch einen vorzeigen zu können«. Sie stellte sich vor, daß die Familie dann angesehener und weniger Anfeindungen ausgesetzt gewesen wäre. Die Mutter sprach selten vom Vater. Sein Name fiel nur gelegentlich, wenn sie sich mit der Großmutter leise unterhielt. Sein Bild stand auf ihrem Schreibtisch. Maja hatte sich schon früh zusammengereimt, daß dieser Mann ihr Vater war und nicht der, dessen Namen sie trug. Als die Mutter während eines eigens zu diesem Zweck unternommenen Spaziergangs auf dem Friedhof dem zehnjährigen Mädchen feierlich eröffnen wollte, wer ihr wirklicher Vater sei, antwortete es: »Das kannst du dir sparen, ich weiß schon alles.«

Der Vater war Mediziner. Er hatte drei Jahre als Stationsarzt in der Forschungsklinik des Kaiser-Wilhelm-Instituts gearbeitet, bevor er in die Heil- und Pflegestätten in Buch wechselte. Recherchen, die sie angestellt hat, haben bisher nicht viel zutage gefördert. Außer der Tatsache, daß er als Wissenschaftler »durchaus nicht unanfällig« war für die nationalsozialistische Ideologie. Einmal wird er als jemand genannt, der bereit gewesen war, »Material zu liefern«. Vielleicht, so fragt sie sich, bewahrt sie eine innere Abwehr davor, weiter zu recherchieren, um dem Leben des Vaters auf die Spur zu kommen. Es bleibt im Ungewissen, was er getan haben könnte. Überliefert ist nur, daß er als Lazarettarzt, selbst schon verwundet, bis zum letzten Atemzug im Einsatz war und operiert hat.

Anfang der fünfziger Jahre zog die kleine Familie in die nahe gelegene Kreisstadt, wo die Mutter eine Stelle als Lehrerin gefunden hatte. Sie unterrichtete englische Besatzungskinder in Deutsch. Nach dem Tod der Großmutter wurde Maja vorübergehend zur Familie ihres Patenonkels nach Berlin geschickt. Zum erstenmal begegnete sie hier den Halbgeschwistern, mit deren ablehnender Haltung sie sich ihr Leben lang auseinanderzusetzen hat. Den Freunden und Bekannten der Familie wurde sie als »Patenkind« des Onkels vorgestellt oder als Tochter von »Ilschen«, wobei sich die Frau des Onkels ein zweideutiges Augenzwinkern nicht verkneifen konnte. Daß sie ein leibliches Kind seines im Krieg gefallenen Bruders ist, wurde unterschlagen. Der Onkel, der in dieser Zeit starb, soll auf dem Totenbett, von einem der Kinder nach der Rechtmäßigkeit der Schwester befragt, geantwortet haben: »Ich habe nicht die Lampe gehalten.« Maja K., die sich noch heute an das unbändige Gefühl von Wut, Empörung und Ohnmacht erinnert, das sie angesichts dieses Verrats befiel, gab sich in ihren Tagebüchern in jener Zeit einen anderen Vornamen und den Nachnamen ihres leiblichen Vaters.

Soireen in einer Sozialbauwohnung

Als sie nach drei Jahren zur Mutter zurückkehrte, lebte diese in Hamburg, wo sie eine Stelle beim »Kuratorium Unteilbares Deutschland« angenommen hatte. Maja war nun ein Schlüsselkind. Es begann die wohl problematischste Phase in ihrem Leben. Während sich die Mutter mit Ehrgeiz, Tüchtigkeit und einem gewissen diplomatischen Geschick hocharbeitete – sie wurde schließlich Leiterin der Hamburger Filiale des Kuratoriums, dem die Aktion »Macht das Tor auf« und die zu Weihnachten in die Fenster gestellten Kerzen für die Brüder und Schwestern drüben zu verdanken waren –, geriet Maja mit der beginnenden Pubertät in eine extrem labile Gemütslage. Das Verhältnis zwischen Mutter und Tochter wurde in jenen Jahren immer angespannter. Wiederholt äußerte die Mutter, daß sie lieber einen Sohn gehabt hätte: »Wenn du schon da bist, was anstrengend genug ist, hättest du doch wenigstens ein Junge sein können.« Eine typische Äußerung für Mütter, die sich überfordert fühlen und annehmen, daß ihnen ein Sohn als zukünftige männliche Autorität effektiver zur Seite stehen könnte als eine Tochter, in der sie allzu leicht die eigenen Schwächen zu erkennen glauben.

Solange sie das muntere, fröhliche Kind war, entsprach sie dem Bild, das sich die Mutter von einer pflegeleichten Tochter machte. Als sie älter wurde und »nicht mehr der Sonnenschein war«, sondern ein ernstes, bedrücktes und manchmal traurig ausschauendes junges Mädchen, zog sie den Groll der Mutter auf sich, die keinen »trübsinnigen Backfisch« um sich haben wollte. Mit den Rechtfertigungsparolen der Mutter konnte das Kind wenig anfangen, es empfand sie als lieblose Drohungen oder als Vorwurf, was sie ja letztendlich auch waren: »Ich bin keine Mutter, die in einen goldenen Pott guckt.«

Andererseits fühlte sich die Mutter von der Tochter beobachtet und in ihrer Freiheit eingeschränkt. Vielleicht sah sie sogar eine Rivalin in ihr. Der Freundeskreis der Mutter erschien der Tochter eitel und oberflächlich. Ihr Faible für »gestandene Männer«, die »etwas hermachen«, wie man damals sagte, und für die »Rochers de bronce«, Bronzefelsen, wie die Mutter starke Männer nannte, konnte Maja nicht ausstehen. Auch Männer in Uniform übten auf die Mutter noch immer eine besondere Faszination aus. Wenn sie auch nicht wieder geheiratet hat, so gab es doch, wie Maja K. sich erinnert, die eine oder andere Liaison. Auch manche der Honoratioren, »tadellose Hanseaten im dunkelblauen Tuch«, mit denen die Mutter beruflich verkehrte, signalisierten gelegentlich ein privates Interesse. Maja gegenüber traten sie als väterliche Freunde auf, was sie nicht davon abhielt, unzweideutige Annäherungsversuche zu unternehmen. An eine Situation erinnert sie sich: Sie war ungefähr fünfzehn, als sie von einem der »Herren« zum Eis eingeladen wurde. Er kaufte ihr Lederhandschuhe, flanierte mit ihr über den Jungfernstieg und zeigte ihr Bilder seiner Frau im Bikini. Als er später im Auto versuchte, sie zu küssen, sei sie geflohen und bis zur Wohnungstür von ihm verfolgt worden. Der Mutter vertraute sie zu wenig, als daß sie ihr davon hätte erzählen können. Sie wußte, daß die Mutter auf diese Herren nichts kommen ließ, und befürchtete, von ihr noch zusätzlich gescholten zu werden. Emotional fühlte sich Maja K. von ihrer Mutter immer dann im Stich gelassen, wenn sie sie am meisten gebraucht hätte.

Dieser Mangel an Vertrauen wog um so schwerer angesichts des nicht vorhandenen Vaters. Noch heute fasziniert es sie, wenn sie Väter mit ihren kleinen Töchtern spielen sieht. Sie staunt, was sich die kleinen Mädchen »herausnehmen«, wenn sie beim Vater auf dem Schoß sitzen und ihn zwicken und zwacken – ein Sehnsuchtsbild, das sie mit der Entstehung eines weiblichen Selbstbewußtseins verbindet. Das Defizit, diese Erfahrung nie gemacht zu haben, bedeutet für Maja K. einen lebenslangen Schmerz.

Auf der Basis ihrer beruflichen Verbindungen baute die Mutter sich ein gesellschaftliches Netz auf und fand allmählich Einlaß in für sie wichtige Kreise. Von Zeit zu Zeit veranstaltete sie in ihrer kleinen Sozialbauwohnung im Hamburger Stadtteil Mundsburg am Rande von Barmbek Lesungen oder musikalische Abende mit osteuropäischen Emigranten, die sie im Kuratorium kennengelernt hatte. Dann verwandelte sie die Wohnung, die mit Biedermeier- und Gründerzeitmöbeln, mit Nippes und Prunkstücken vollgestellt war, in einen Salon. Alles sollte vom guten Geschmack ihrer Bewohnerin zeugen und »etwas hermachen«. Hinter einem Vorhang schwirrten lebende Kolibris umher, und in einer Ecke des Wohnzimmers stand ein schwarzer Stutzflügel, auf dem sie hin und wieder Kostproben ihres pianistischen Könnens gab.

Vornehm verdruckst sei es auf diesen kulturellen Soireen zugegangen. Nach einem solchen Abend, an dem ein polnischer Dichter und eine junge Referendarin Gedichte vortrugen, kam es zu einem offenen Eklat zwischen Mutter und Tochter. Maja fühlte sich von den Gedichten, die die Referendarin vortrug, wie verzaubert und verliebte sich in die etwa zehn Jahre ältere Frau, während ihr der Rest der anwesenden Gesellschaft wie ein surreales Panoptikum und die ganze von der Mutter veranstaltete Zeremonie wie eine Farce erschien.

Als sie kurze Zeit später auch noch entdeckte, daß die Mutter ihr Tagebuch gelesen hatte, verließ sie die Wohnung nach einer dramatischen nächtlichen Auseinandersetzung. Sie ging fortan nicht mehr in die Schule. Statt dessen arbeitete sie als Verkäuferin auf dem Fischmarkt. Kurze Zeit wohnte sie bei der Referendarin, zu der Maja K. auch später noch viele Jahre Kontakt hatte und die ihr neue Wege zu sich selbst durch die Beschäftigung mit Kunst und Literatur eröffnete. Mittlerweile hatte die Mutter ihre Beziehungen spielen lassen und einen Platz für ihre Tochter im Internat Schloß Salem bekommen. Hier machte Maja K. ihr Abitur und ging danach zum Studium der Slawistik und Vergleichenden Literaturwissenschaft nach Berlin, wo sie noch heute lebt.

Das unterschwellige Gefühl der Schutzlosigkeit

Nachdenklich und zögernd beschreibt Maja K., wie wenig sie mit ihrer Mutter über das, was sie bedrückte, reden konnte, wie wenig sie sich als Tochter angenommen und verstanden fühlte. Die Mutter sei nicht herzlos gewesen, eher in einer für die damalige Zeit typischen Weise oberflächlich. Sie war viel zu beschäftigt und zu ehrgeizig, als daß sie Zeit für ausführliche Gespräche mit ihrer Tochter gehabt hätte, abgesehen davon, daß sie persönliche Auseinandersetzungen für Zeitvergeudung hielt und ihnen aus dem Wege ging. Als reichte es aus, für saubere Kleidung, einen geregelten Tagesablauf und eine gesunde Ernährung zu sorgen, als sei die emotionale und intellektuelle Entwicklung einer Heranwachsenden, die einfühlsam gefördert werden muß, nicht ebenso wichtig, wenn nicht wichtiger.

Das ganze Sinnen und Trachten der Mutter galt dem Bemühen, dem kleinbürgerlichen Milieu zu entkommen, in dem sie selbst aufgewachsen war. Daß ihr das streckenweise gelungen ist, dafür zollt ihr die Tochter durchaus Anerkennung. Immer wieder spricht sie von der Tapferkeit und Zähigkeit, mit der die Mutter ihr Leben gemeistert habe, ein Leben, das wie das vieler anderer Kriegerwitwen vorwiegend aus Arbeit und Selbstdisziplin bestand. In ihren letzten Lebensjahren traf sie einen sehr viel jüngeren Mann, einen ehemaligen Protegé, der sie verehrte, liebte und bis zu ihrem Tod pflegte. Sie starb im Alter von 55 Jahren an Krebs in Hamburg, ohne sich mit der Tochter, die inzwischen in Berlin verheiratet war und zwei Kinder hatte, ausgesöhnt zu haben.

Maja K. ist im Laufe ihres Lebens immer deutlicher geworden, daß sie nicht nur ohne Liebe, sondern vor allem ohne Fürsorge und Schutz aufgewachsen ist, den in ihrer Vorstellung nur ein Vater hätte gewährleisten können. Schutzlosigkeit und Ausgesetztsein sind zu Grundgefühlen ihres Lebens geworden, was sie indessen nicht davon abhielt, sich auf die verschiedensten Reise-, aber auch Liebesabenteuer einzulassen.

Sie heiratete mit 21 Jahren, während sie noch studierte. Ihr erstes Kind, eine Tochter, kam 1964 auf einer griechischen Insel zur Welt, wohin sie sich mit ihrem Mann, einem Maler, für ein Jahr zurückgezogen hatte. Der Sohn wurde zwei Jahre später in Berlin geboren. Ihr Mann starb früh, 1984, im Alter von 54 Jahren. Zu ihren beiden Kindern hat sie ein ausgewogenes, vertrauensvolles Verhältnis.

Ihre Wohnung ist zu ihrem Lebensmittelpunkt geworden, von dem aus sie, die inzwischen in Rente ist, in die Welt ausschwirrt. Reisen führten sie in viele Länder Europas und Asiens. Es sind wohl die »wilden« Kinderjahre, die zum Leitbild ihres Lebens geworden sind, eines Lebens, das sich inzwischen, obwohl es auch später gelegentlich an Schutz, Geborgenheit und Zuwendung mangelte, durch Spontaneität, Abenteuerlust, aber auch durch Sensibilität und Warmherzigkeit auszeichnet.

»Als George auftauchte,
hatte ich einen Ersatzvater«

V on ihrer Mutter wurde Olga F., die im Januar 1945 in
einem Berliner Krankenhaus geboren wurde, immer
wieder erzählt, wie es in den letzten Kriegstagen in Berliner Krankenhäusern zuging. Während die Neugeborenen bei
Fliegeralarm in den Luftschutzkeller getragen wurden, mußten
die Frauen auf der Station bleiben. Da kam es gelegentlich zu
Verwechslungen, und manch einer Mutter wurde nach der Ent-
warnung das falsche Kind in den Arm gelegt. Sie habe das sofort
erkannt, weil Olga als Baby ihrem Vater sehr ähnlich gesehen
habe. Dem Kind gefiel diese Geschichte. »Wenn ich als Kind
Knatsch mit der Mutter hatte, tröstete ich mich immer damit,
ich sei verwechselt worden, und meine Mutter sei gar nicht meine Mutter.«

Olga F. empfängt mich in ihrem Elternhaus, einer hellen
Landhausvilla in einem ruhigen Vorort von Berlin, in der sie seit
ihrer Rückkehr in die Stadt wieder wohnt und in der sie ihre
Kindheit und ihre Jugend mit der Mutter, der Großmutter und
ihrem dreieinhalb Jahre älteren Bruder verbrachte. 1934 gebaut,
liegt das Haus in einer Gegend, die in den zwanziger und dreißiger Jahren mit modernen Ein- und Zweifamilienhäusern in einem dem Bauhaus angelehnten Stil urbanisiert wurde. In ihrer
Kindheit erschien ihr das mit den dunklen schweren Eichen-
möbeln der Großeltern vollgestellte Haus viel zu groß, düster

und gruselig.»Ich hab abends immer Einbrecher gehört, es knackte im Haus und in den Kiefern im Garten. Und wenn ich meinen Bruder weckte, sagte der, laß mich in Ruhe mit deiner Angst.« Respekt flößte ihr auch die überdimensionale Luther-Büste im Herrenzimmer ein, die sich eines Sonntags aus ihrer Verankerung löste und auf den darunter stehenden Sessel stürzte, in dem kurz zuvor noch eine Tante, die zu Besuch war, gesessen hatte.

Heute wohnt Olga F. im Erdgeschoß des Hauses. Im ersten Stock lebt ihre inzwischen neunzigjährige Mutter, die sie bekocht und umsorgt. Olga F. hat ihre Wohnung renoviert, die Wände sind weiß gestrichen, der Parkettfußboden abgezogen. Im großen, lichtdurchfluteten Wohnzimmer stehen ein mit naturweißem Wollstoff bezogenes, modernes Sofa, ein niedriger Tisch und ein Schaukelstuhl. An den Wänden nur wenige Bilder. Wir sitzen am runden Eßtisch im Wintergarten. Auf dem Boden eine Zimmerlinde, deren weiche, zartgrüne Blätter Ruhe ausstrahlen und einen Kontrast zu den dicht am Haus wachsenden hohen Kiefern bilden.

Vermißt

Anfang 1945, als Olga F. geboren wurde, tobte der Endkampf in Berlin. Luftangriffe zwangen die Menschen, fast jede Nacht in Kellern oder Luftschutzbunkern Zuflucht zu suchen. Wenn Zeit blieb, floh Olgas Mutter mit dem Neugeborenen und dem Sohn in den ein paar Straßen entfernten größeren und sichereren Luftschutzbunker, wo sich viele Nachbarn aus der Umgebung einfanden. Die Auswirkungen dieser nächtlichen Bombenangriffe auf Babys und Kinder seien, so meint Olga F., noch längst nicht zureichend untersucht worden. Wann immer sie in späteren Jahren die Sprache darauf brachte, versuchte die Mutter, die Tochter zu beschwichtigen. Sie habe es ja noch verhältnismäßig gut gehabt und die meiste Zeit in ihrem Körbchen geschlafen, während der dreieinhalbjährige Bruder an der Hand der Mutter selbst in den schützenden Bunker rennen mußte.

Im April 1945 kam es zu heftigen Straßenkämpfen. Nachdem sowjetische Panzerverbände den östlichen Teil der Stadt erobert hatten, drangen sie auch in die südlichen und westlichen Bezirke vor. In ihrem Haus wurde ein Lazarett eingerichtet. Die Familie wurde zunächst gezwungen, in den Keller zu ziehen. Kurze Zeit später mußte sie das Haus ganz verlassen. Es wurde ihnen eine provisorische Unterkunft in einer Schule des Bezirks zugewiesen. Auch über diese Zeit kursierten Horrorgeschichten. Wie einen Schutzschild, der sie davor bewahren sollte, vergewaltigt zu werden, habe die Mutter die Kinder auf dem Schoß gehalten und sich Ruß ins Gesicht geschmiert; ihr Vater habe ihre Papiere gefälscht und sie älter gemacht. In der Nachbarschaft nahm sich eine Familie das Leben, nachdem die Mutter und die Töchter vergewaltigt worden waren.

Die Großmutter versuchte auf eigene Initiative, eine andere Bleibe zu finden. Sie klingelte an allen Häusern in der Nachbarschaft, um zu fragen, ob sie eine junge Frau mit zwei kleinen Kindern aufnehmen könnten. »Die kannten sich ja hier alle im Kiez. Meistens wurde die Tür zugeschlagen. Einmal hat ein Mann aufgemacht, der sagte, na gut, er hätte zwar schon Flüchtlinge, aber die nimmt er noch auf, und dann fragte die Großmutter: ›Und können Sie noch zwei alte Leute, mich und meinen Mann, aufnehmen?‹ Der hat uns alle aufgenommen, die ganze Familie.« Von der neuen Unterkunft in der benachbarten Straße ging die Großmutter nun täglich in ihr Haus, um Geschirr und zurückgelassene Wertgegenstände mitzunehmen. In einem nahe gelegenen landwirtschaftlichen Betrieb grub sie Kartoffeln aus. »Sie hat uns eigentlich alle über Wasser gehalten.«

»Jetzt fällt mir auf, ich habe noch gar nichts über meinen Vater erzählt«, sagt Olga F. plötzlich unvermittelt. Sie habe zwar wenig konkrete Erinnerungen an ihren Vater, in ihrer Phantasie aber habe sie ihn sich immer in diesem Haus vorgestellt. Olgas Vater wurde 1944, in den letzten Monaten des Krieges, eingezogen. Als leitender Ingenieur eines Elektrizitätswerks war er lange Zeit uk-gestellt, unabkömmlich. Aber im August 1944, als der Krieg längst verloren war und die NS-Regierung die Jungen und Jüngsten der Hitlerjugend und alle irgendwo noch verfügbaren Männer benötigte, wurde auch er eingezogen. »Die jungen unerfahrenen Soldaten, die keine militärische Ausbildung hatten, wurden als Kanonenfutter vorgeschickt.«

Die Mutter brachte den Vater an den Bahnhof, von wo die Züge an die Ostfront abfuhren. Seine Abreise schildert Olga F. genauso dramatisch, wie sie es von der Mutter erzählt bekommen hat. Daß der Vater von dem anfahrenden Zug wieder abgesprungen sei, aber auf ihr Drängen dann doch einen der nächsten Züge genommen habe, der ihn an die Front in der Gegend um Minsk brachte. Sie hatte zu Recht befürchtet, daß er, wenn man ihn fände, sofort standrechtlich erschossen worden wäre. Minsk war im Juli 1944 von der sowjetischen Armee erobert worden. Die Mutter erhielt einen einzigen Brief im September. Darin berichtete der Vater über das Grauen an der Front, daß eine furchtbare Hitze herrsche und alles drunter und drüber ginge und nach Rückzug aussähe. Danach hörte sie nichts mehr von ihm. Einen Tag vor Olgas Geburt im Januar 1945 erhielt die Mutter vom DRK die Nachricht, daß ihr Mann vermißt sei. Er war 33 Jahre alt.

Die Tatsache, daß Olga F. ein Mädchen war und zudem noch ein Sonntagskind, nahm die Mutter als gutes Omen, daß der Vater noch lebte, denn er hatte sich so sehr eine Tochter gewünscht. In dem unumstößlichen Glauben, daß er eines Tages heimkehren würde, ist Olga aufgewachsen. Alle, die Großmutter, die Mutter, Olga und der ältere Bruder, lebten bis Mitte der fünfziger Jahre in der Hoffnung auf ein Wiedersehen. Erst Mitte der fünfziger Jahre wurde es zur Gewißheit, daß von seiner Division niemand überlebt hatte.

Der Großvater kommt nach Sachsenhausen

Aber es blieb in der Familie nicht bei dem einen Opfer. Auch der Großvater, an den Olga F. keine Erinnerungen hat, wurde indirekt ein Opfer des Krieges beziehungsweise der unmittelbar nach dem Ende des Krieges einsetzenden politischen Auseinandersetzungen zwischen Ost- und Westalliierten, die später zum Kalten Krieg führten. »Er muß eine Seele von Mensch gewesen sein«, sagt Olga F., »während die Großmutter eine resolute, autoritäre Frau war, eine ganz starke Persönlichkeit.« Der Großvater, der schon im Ersten Weltkrieg gekämpft hatte, war nicht mehr eingezogen worden. Er arbeitete während des Krieges als Diplomingenieur bei einer Berufsgenossenschaft im Shell-Haus am Landwehrkanal.

Im Herbst 1945 wurde er von den Russen wegen Spionage-verdachts an seinem Arbeitsplatz abgeholt und nach Oberschön-hausen verschleppt. Die Mutter und die Großmutter, die sofort alles unternahmen, um den Großvater zu retten, fielen einer Hochstaplerin in die Hände. Mit dem Versprechen, bei der Befreiung des Großvaters behilflich zu sein, weil sie fließend Russisch spreche und mit einflußreichen Persönlichkeiten der russischen Besatzungsmacht bekannt sei, sackte sie die letzten Lebensmittel, die die Großmutter gehamstert hatte, ein, um sie angeblich dem Großvater ins Lager zu bringen. »Jedesmal, wenn sie weg war, kam es den beiden Frauen seltsam vor. Aber wenn sie das nächste Mal wiederkam, gaben sie ihr alles, was sie hat-ten.« Mit der Ankündigung, dies sei der Tag, an dem der Groß-vater freikomme, schürte sie ein letztes Mal die Hoffnungen der beiden Frauen. Diesmal müsse sie auch Olga mitnehmen. Die Mutter gab ihr die Kamera, eine Voigtländer, die nur deshalb noch vorhanden war, weil sie sie im Kinderwagen unter dem Baby versteckt hatte. Die Tochter gab sie ihr nicht. Von dem Tag an wurde die Frau nicht mehr gesehen. Der Großvater wurde nach Sachsenhausen deportiert, einer Zwischenstation auf dem Weg nach Moskau, wo er vor Gericht gestellt werden sollte. Er starb kurz nach seiner Einlieferung ins Lager.

»Das mit dem Großvater hat meine Mutter mehr gebeutelt als das mit meinem Vater, viel mehr. Die Trauer um den Vater rückte immer mehr in den Hintergrund. Schließlich war meine Mutter mit ihm relativ kurz, drei Jahre, zusammengewesen. Und für Trauer war ohnehin in der Nachkriegszeit keine Zeit. Die Trauer um meinen Großvater aber ist bei meiner Mutter bis heu-te geblieben.« Später bemühte sich die Mutter vergeblich um seine Rehabilitation, was ihr vor allem im Hinblick auf die Kinder und Enkel wichtig war. Bis auf den heutigen Tag ist die Mutter überzeugt, daß der Vorwurf der Spionagetätigkeit, der gegen ihn erhoben wurde, jeglicher Realität entbehrte und ihr Vater, der nicht in der Partei gewesen war, zu Unrecht verhaftet wurde. Wahrscheinlich, so Olga F., war er schon allein durch seine gewissenhafte Mitarbeit in einer NS-Behörde in Verdacht geraten. »Ich denke, die Mitglieder meiner Familie waren keine überzeugten Nazis, sondern Mitläufer.« Wie in vielen anderen Familien war es auch zwischen Olga F. und ihrer Mutter über solche Fragen zu zum Teil heftigen Auseinandersetzungen gekommen.

In dem Augenblick, als Olga F. erwähnt, daß der Großvater ein Verehrer des englischen Publizisten und Wagner-Biographen Houston Stewart Chamberlain gewesen sei, dessen Bücher *Rasse und Nation* und *Rasse und Persönlichkeit* einen nicht unerheblichen Einfluß auf die Entstehung der Rassenlehre des Nationalsozialismus hatten, öffnet sich die Wohnungstür. »Kind«, ruft die Mutter leise in die Wohnung hinein und tritt mit schlurfenden Schritten ins Zimmer. Wir wechseln das Thema. Die freundliche alte Dame zieht sich, nachdem wir uns begrüßt haben, wieder in ihre Wohnung im ersten Stock zurück.

George, der Ersatzvater

Im Juli 1945 besetzten die westalliierten Truppen die westlichen Bezirke der Stadt. Olga F. und ihre Familie lebten nun unter amerikanischer Besatzung. Die neue Situation nahm die Großmutter zum Anlaß, mit ihrer Familie wieder ins eigene Haus zurückziehen zu können. Sie blieb vorerst erfolglos, lernte aber bei der Gelegenheit George, einen amerikanischen Offizier russischer Abstammung, kennen, der als Trotzkist vor den sowjetischen Pogromen in Weißrußland nach Amerika geflohen war. Er war ein gebildeter Offizier alter Schule, sprach viele Sprachen und hatte eine einflußreiche Position im Umfeld von General Clay. George war es denn auch, der der Großmutter eine Stelle als Köchin besorgte, während die Mutter Housekeeper im eigenen, noch besetzten Haus wurde. »George war unsere Lebensrettung.« Er war um die Sechzig und warb auf eine liebenswürdige Art um Olgas Mutter. Wenn sie nicht zu müde von der Arbeit war, lud er sie ins Theater ein. Bei besonderen Gelegenheiten schenkte er ihr ein Schmuckstück. Für Olga, die er ins Herz geschlossen hatte, wurde er so etwas wie ein Ersatzvater und Garant einer bei allen Unbilden zumindest teilweise »goldenen Kindheit«.

»Von dem Zeitpunkt an, als George auftauchte, hatte ich einen Vater. Er war so rührend, vielleicht sogar besser als ein Vater. Er war regelrecht verliebt in mich. Ich durfte mit Schuhen auf seinem Bett tanzen, er hat mit mir Verstecken gespielt und lag, obwohl er alt war, mit mir unterm Bett. Ich durfte die Carepakete auspacken und, wenn Kleidung drin war, Modenschau machen.« Als die Mutter, die ausgebildete Werklehrerin war, durch seine Vermittlung den Posten der Leiterin eines mit Mitteln des Marshallplans eingerichteten Jugendclubs erhielt, wurde das kleine Mädchen so etwas wie ein Maskottchen des Clubs und durfte, obwohl sie erst drei Jahre alt war, an deutsch-amerikanischen Zeltlagern teilnehmen, die eigentlich erst für Kinder ab sechs Jahren zugelassen waren. 1951 sorgte George dafür, daß die Mutter und die Großmutter in ihr Haus zurückkehren konnten. Sie waren die ersten in der Straße, die wieder im eigenen Haus wohnten.

Aber eines Tages verschwand der freundliche amerikanische Ersatzvater aus Olgas Leben ebenso sang- und klanglos, wie er es betreten hatte. Er wurde schwer krank. Olga F. erinnert sich, ihn noch einmal mit der Mutter im Krankenhaus besucht zu haben, und daß er sie aufforderte, ihm ins Ohr zu flüstern, was sie sich zu Weihnachten wünsche. »Es war ein Roller mit dicken Rädern. Den habe ich auch gekriegt.« Dann war er verschwunden, ohne ihr Adieu gesagt zu haben. Zum Trost wurde ihr erzählt, er sei während des Rückflugs nach Amerika im Flugzeug über dem Atlantik gestorben.

Sie habe, meint Olga F., unter diesem Verlust mehr gelitten als unter dem Verlust des Vaters und mit heftigen Ängsten reagiert. Jetzt, nachdem auch der Ersatzvater nicht mehr lebte, überkam sie noch einmal eine diffuse Sehnsucht nach dem eigenen Vater, von dem sie sich im Laufe der Jahre immer klarere Vorstellungen zu machen meinte. Als Konrad Adenauer im September 1955 im Zusammenhang mit der Wiederaufnahme diplomatischer Beziehungen eine Abmachung über die Entlassung der Kriegsgefangenen aus russischen Lagern erwirkte und die ersten Heimkehrer im Lager Friedland eintrafen, hoffte auch Olga, daß ihr Vater noch leben und zurückkommen werde. Sie schrieb sogar einen Brief an Nikita Chruschtschow, seit September 1953 Sekretär des Zentralkomitees der kommunistischen Partei, in dem sie darum bat, den Vater aus dem Kriegsgefangenenlager zu entlassen. »Und als die nächsten Heimkehrer kamen, habe ich wieder geguckt, ob hier in der Straße nicht irgendwelche Männer laufen, die vielleicht abgemagert und nach

Heimkehrern aussehen. Und da lief ein abgemagerter Mann in zerrissenen Klamotten die Straße entlang, mit einer Brille, und ich dachte, ja, das ist mein Vater. Er lief hier vorbei, ich habe mich aber nicht getraut, ihn anzusprechen. Hinterher dachte ich, wenn er es war, dann muß er das Haus doch finden.«

Auf der Suche nach weiteren Ersatzvätern

Nachdem die deutsch-amerikanischen Jugendclubs geschlossen worden waren, begann die Mutter ein Studium an der Pädagogischen Hochschule. Sie war weiterhin wenig zu Hause. Nur manchmal im Sommer an den Wochenenden, wenn sie mit beiden Kindern auf ihrem Segelboot auf dem Wannsee übernachtete, hatten die Geschwister die Mutter für sich allein. Erzogen aber wurden sie von der Großmutter. Beim Abendbrot spielten sich teilweise groteske Szenen ab.

Olga F. erinnert sich, wie die Apfelsinenschalen, mit denen sich die Geschwister hinter dem Rücken der Großmutter bewarfen, treffsicher auf einem der Delfter Teller an der Wand landeten. Während sie darüber herzhaft lachte, richtete sich der Zorn der Großmutter ausschließlich auf den Bruder.»Sie zeterte den ganzen Tag an ihm herum. ›Deine Haare sind zu lang.‹ ›Sitz gerade.‹ Oder morgens kriegte ich in die Haferflockensuppe ein Stück Butter und Rosinen rein, er nicht. Ich habe richtig darunter gelitten, ich hab geweint und für meinen Bruder gebetet. Er hat nicht geweint, er hat mich mit seinen zehn Jahren in den Arm genommen und gesagt: ›Du, die Frau ist krank.‹« Obwohl die Geschwister ihre Mutter immer wieder darum baten, erschien es der Mutter unmöglich, aus dem Haus wegzuziehen. Sie war auf die finanzielle und organisatorische Hilfe der Großmutter angewiesen. »Ich hätte lieber in einer kleinen Zweizimmerwohnung gewohnt, ohne die Großmutter. Aber meine Mutter war schwach.«

In den Vätern ihrer Freundinnen schuf sich Olga immer neue Ersatzväter. Und sie entwickelte, je älter sie wurde, eine immer engere Beziehung zu einem Onkel, dem Bruder der Mutter, den sich auch ihr Bruder als Ersatzvater auserkoren hatte. Dennoch versteht sich Olga F. als »hundertprozentige Muttertochter. Ich kann mit Frauen sehr gut, während mein Verhältnis zu Männern angstbesetzt war, Angst, daß sie mich verlassen könnten.« Die Männer in Olgas Erwachsenenleben rangieren fast ausnahmslos in der Kategorie Kindmänner oder Softies. »Schon als Sechzehnjährige, wenn man anfängt zu träumen, was will ich denn für einen Traumprinzen, dachte ich, ich will überhaupt keinen, der Geld verdient, der reich ist, lieber einen armen Künstler, einen Romantiker.«

Eine schwierige Beziehung

Der Mann, mit dem Olga F. seit ihrem 25. Lebensjahr befreundet war, den sie einige Jahre später heiratete und der der Vater ihrer beiden Kinder ist, entspricht diesem Muster. Als sie ihn kennenlernte, studierte sie Grafik-Design und Kunstpädagogik, er Volkswirtschaftslehre. Gemeinsam nahmen sie zum erstenmal LSD und erlebten eine geistig-spirituelle Nähe, die sie für lange Zeit aneinander band. Es war die Zeit der Hippiebewegung. Während Olga F. trotz aller Fluchten in vermeintlich bessere, illusionistische Welten ihr Examen machte, brach ihr zukünf tiger Mann das Studium ab und zog sich zurück »in seinen Hölderlinturm«. Schließlich bekam er eine Anstellung als Redakteur bei einer Tageszeitung in Tübingen, wohin ihm Olga F. folgte, nachdem sie in einem benachbarten Ort eine Referendariatsstelle gefunden hatte.

Es sei von Anfang an eine schwierige, gleichzeitig aber auch bereichernde und innige Beziehung gewesen, sagt sie. Als sie das erste Mal versuchte, sich von ihrem Mann zu trennen, kehrte sie nach kurzer Zeit »reumütig« zu ihm zurück, »und das war eigentlich, würde ich sagen, schon ein bißchen ein Fehler«. Die gemeinsame Drogenerfahrung in den ersten Jahren ihrer Beziehung, die sie und ihr Leben grundlegend veränderte, war eine wesentliche Ursache für ihre tiefe innere Verbundenheit. Auf der anderen Seite erkannte sie, daß er als ebenfalls vaterlos aufgewachsener Sohn eines verschollenen Tätervaters gefährdeter und labiler war als sie. Und da sie ihn liebte, wollte sie ihm helfen. Sie zogen in eine neue Wohnung am Rande des Schwarzwalds. »Von klein auf wußte ich, daß ich Kinder haben möchte, mir waren Kinder immer wichtiger als ein Mann.« Jetzt hielt sie den Zeitpunkt für gekommen. Sie ließ die Spirale entfernen und war sofort schwanger. Ihr Sohn wurde 1977 geboren.

Den früher einmal gefaßten Plan, ein halbes Jahr in Indien zu verbringen, wollte Olga F. dennoch nicht aufgeben. Da sie den Sohn in guten Händen bei seinem Vater wußte, ging sie für zwei Monate allein nach Poona in einen Ashram. Anschließend machte ihr Mann eine zweimonatige Tour mit dem Motorrad durch Portugal. Bald nach seiner Rückkehr wurde sie wieder schwanger. Die Tochter wurde 1979 geboren. In der folgenden Zeit, in der Olga F. sich ausschließlich um die Kinder und den

Haushalt kümmerte, während ihr Mann das Geld für die Familie verdiente, begann die Ehe zu bröckeln. Gemeinsam zogen sie nach Frankfurt um. Während Olga F. hier neue Kontakte zu spirituellen Gruppen aufnahm und eine mal- und körpertherapeutische Ausbildung absolvierte, wurde ihr klar, wie abhängig sie in der Beziehung zu ihrem Mann geworden war und wie weit sie sich von der Idee einer gleichberechtigten, partnerschaftlichen Ehe entfernt hatten. Auch belastete sie die Verantwortung für ihren sanften, eher defensiven und zu Depressionen neigenden Mann.

1993 trennte sie sich endgültig. Olga F. blieb mit den Kindern auf dem Bauernhof am Stadtrand von Frankfurt, bis sie die schwere Erkrankung ihres Bruders veranlaßte, nach Berlin zurückzuziehen. Mit dem Bruder, zu dem sie in seinen letzten Monaten noch einmal eine enge, vertraute Beziehung entwickelte, habe sie viele Erinnerungen an die gemeinsame Kindheit wiederbelebt. So war es schließlich eine Selbstverständlichkeit, daß sie die Staffel der Verantwortung für die Mutter übernehmen würde. Bis dahin hatten sich der Bruder und seine Frau um die Mutter gekümmert. Er habe, sagt Olga F. am Ende nachdenklich, mit dem Sterben gewartet, bis sie eine Stelle als Lehrerin in Berlin gefunden hatte und sichergestellt war, daß sie in Zukunft mit der Mutter gemeinsam in dem Haus leben würde. Sie habe ihm noch die Nachricht überbringen können, »Ich habe die Stelle«, dann sei er ganz leise eingeschlafen.

Ich habe den Vater in meinen Männern nachgeholt

Eigentlich ist sie es, die Zeitzeugen befragt. Um die vielen »in der Stadt schlummernden Lebensgeschichten« vor dem Vergessen zu bewahren und zu Gehör zu bringen, hat Sabine G. vor 18 Jahren gemeinsam mit einem Freund das erste Berliner Erzählcafé gegründet. Samstagnachmittags berichteten dort ältere Mitbürger aus ihrem Leben, Menschen aus vielen verschiedenen Lebensbereichen, bekannte und unbekannte Zeitgenossen, solche, die es in die Welt zog und die nur gelegentlich in die Stadt zurückkehrten, und solche, die vorwiegend in Berlin gelebt haben. Ende 2005 mußte die beliebte Begegnungsstätte im Bürgersaal in Wedding geschlossen werden, weil die Unterstützung durch den Senat von Berlin gestrichen wurde. Sabine G. bemüht sich derzeit um neue Träger und Sponsoren. Sie hofft, das Erzählcafé bald wieder eröffnen zu können, im Rahmen eines europäischen Netzwerks unter besonderer Berücksichtigung der Länder Mittel- und Osteuropas. Mit Verve, Neugierde und Charme hat Sabine G. seit Jahren ihre Gäste zum Erzählen angeregt. Diesmal aber erzählt sie ihre eigene Geschichte.

Sie versteht sich zwar als eingeschworene Berlinerin, wurde aber im Januar 1945 in Bad Landeck in Schlesien geboren. Die Mutter war mit den beiden 1938 und 1941 geborenen Töchtern dorthin evakuiert worden. Sie wollte es nicht riskieren, ihr drittes Kind womöglich im Luftschutzkeller in einer der verheerenden Bombennächte zur Welt zu bringen, die in den letzten Monaten des Krieges in Berlin tobten.

Der Vater war nicht an die Front eingezogen worden, weil er als Ingenieur in kriegswichtigen Betrieben gebraucht wurde. Bei dem tödlichen Stromschlag, dem er im Sommer 1945 bei Montagearbeiten erlag, handelte es sich aller Wahrscheinlichkeit nach um einen kriegsbedingten Sabotageakt. Sabine hat ihren Vater nicht mehr kennengelernt. Es gab nur ein paar Bilder, auf denen er ihr durchaus gefiel. Ein sportlicher blonder Typ, der auch in einem Traum auftauchte, der sich in ihrer Kindheit und Jugend oft wiederholte: Wie sie auf einer Heimfahrt in der U-Bahn den Mann von dem Foto stehen sah, worüber sie jedesmal sehr glücklich war. Dann kam die nächste Station, und der Mann stieg aus.

»Die süßeste Oma ...«

Nach dem Tod des Vaters ging die Mutter mit ihren drei Kindern zurück nach Berlin. Sie wohnten zusammen mit den Eltern der Mutter in einer Altbau-Hinterhauswohnung in Wilmersdorf. Die Wohnverhältnisse waren beengt, die Versorgungslage schwierig. Die Mutter, die den Beruf der Fotolaborantin erlernt hatte, nahm alle möglichen Arbeiten an, um Geld für das Notwendigste zu verdienen. Die Großmutter versuchte, mit Nähen ein wenig dazuzuverdienen. Da es an allen Ecken fehlte, wurden die beiden älteren Schwestern 1948 zu Gasteltern nach Schweden gegeben. Geplant waren Aufenthalte von je einem Vierteljahr. Während die jüngere Schwester nach sieben Jahren nach

Berlin zurückkehrte, wohnt die ältere Schwester noch heute in Schweden, ist dort verheiratet und seit langem schwedische Staatsbürgerin.

Sabine G. lebte jetzt mit ihrer Mutter und den Großeltern allein in der nun fast zu großen Wohnung. An die Großeltern hat sie ausgesprochen liebevolle Erinnerungen. Für den Großvater sei es nicht leicht gewesen, sich gegen die Phalanx von Frauen zu behaupten. »Aber er war auch ein Hallodri«, ein charmanter und liebenswürdiger älterer Herr, der ungern arbeitete und sich zu Besserem berufen fühlte. Wenn er eine Arbeitsstelle hatte, dauerte es meist nicht lange, bis er entlassen wurde. Wenn er etwas Geld hatte, lud er seine Zechkumpanen in seiner Stammkneipe ein und brachte sie anschließend noch mit nach Hause, wo die Becherei in der Küche weiterging. Die Großmutter trug das nicht leichte Leben an der Seite ihres Mannes mit Fassung. Als Sabine sie einmal fragte, warum sie nicht noch ein Kind bekommen habe, sondern nur dieses eine, ihre Mutter, antwortete die Großmutter im Brustton der Überzeugung: »Doch nicht mit *dem* Mann.« Er sei wohl ein »saumäßiger Ehemann und Vater« gewesen, aber als Großvater hat Sabine ihn sehr geliebt.

Sie mochte es, wenn er sie abends vorm Zubettgehen auf seine Schultern nahm und durch die Wohnung trug oder im Leiterwagen mitnahm, wenn er Kohlen holen ging. Und die Großmutter »war die süßeste Oma. Man mußte sie lieben.« Sie erzählte dem kleinen Mädchen die schönsten Geschichten, von einer Großmutter und ihrer Enkelin oder von der Rückkehr der beiden Schwestern. Sabine vermißte ihre Schwestern, die nun schon mehrere Jahre in Schweden lebten, sehr und wünschte sich sehnlich, daß sie nach Berlin zurückkommen würden.

121

Sabine G. erinnert sich, wie die Großeltern, nachdem sie in ein Seniorenheim gezogen waren, manchmal sonntags zu Besuch kamen. Liebevoll sahen Sabine und ihre Schwester ihnen nach, wenn sie, wie Philemon und Baucis sich gegenseitig stützend, nach Hause schlurften. Oder sie gingen ihnen heimlich hinterher und trafen sie, wie sie vorausgesehen hatten, im nahe gelegenen Dorfkrug, wo sie gemeinsam ein letztes Bierchen tranken. Die Großeltern starben kurz hintereinander innerhalb einer Woche und wurden zusammen beerdigt.

Das Happening am Abendbrotstisch

Sabine G. spricht von ihrer Mutter in einem liebevollen Ton und voller Achtung. Sie hatte nie das Gefühl, daß ihre Mutter nicht für sie da war, wenn sie sie brauchte. Sie hat sie als großzügig, verständnisvoll und lebenslustig und manchmal regelrecht vergnügungssüchtig in Erinnerung, »kleinbürgerlich mit Lust auf Großstadt und Leben«. Die Mutter ging gern aus und hatte häufig wechselnde Männerbekanntschaften: »Meine Mutter war kein Kind von traurigen Eltern.« Die verschiedenen »Onkels«, die ihr auf diese Weise zuteil wurden, waren im großen und ganzen nett. Natürlich versuchten sie, sich bei der Tochter beliebt zu machen, indem sie ihr Süßigkeiten und Schokolade schenkten. Einer war Geiger und spielte nachts in Caféhäusern und Kneipen, und wenn sie morgens auf Zehenspitzen durch das Zimmer tapste, in dem er schlief, wachte er prompt auf und ranzte sie an.

Besondere Tage waren für das kleine Mädchen die »Stempeltage«, wenn die Mutter krank geschrieben war. Dann machte sie, nachdem sie sich das Krankengeld von der Kasse abgeholt hatte, mit Sabine manchmal einen Ausflug nach Ostberlin, weil man dort billiger einkaufen konnte. In den fünfziger Jahren, vor dem Bau der Mauer, gab es zwischen West- und Ostberlin ein reges Hin und Her. Zum Abschluß des Tages ging die Mutter mit der Tochter Leberknödel essen im Haus Vaterland am Potsdamer Platz.

Mitte der fünfziger Jahre kehrte die jüngere der beiden Schwestern nach Berlin zurück. Mit ihren beiden heranwachsenden Töchtern bildete die Mutter nun so etwas wie ein übermütiges »Dreimäderlhaus«, in dem es manchmal recht lustig und schräg zuging. In schwierigen Situationen hielt die Mutter zu ihren Töchtern. In harmloseren Konflikten oder wenn sie beleidigt war, wurde sie launisch. Sabine G. erinnert sich an eine Szene beim Abendbrot in der Küche, die äußerst komisch war und sie noch jetzt lachen macht. Es war über eine Lappalie zum Streit gekommen, als die Mutter eine Stulle mit Wurst auf den Tisch knallte, woraufhin die eine Tochter ihre Stulle dazufeuerte, die andere Tee darauf goß, die erste Scheuersand dazustreute. So ging es fort und artete zum Happening aus, das in lautem Lachen unterging. Der Streit war auf heitere Weise beigelegt worden.

Auch bei den gelegentlichen Sonntagsausflügen ins Grüne, die die Mutter mit den beiden Töchtern unternahm, ging es fröhlich zu. Die Mutter scheute sich auch nicht, die Mädchen auf den einen oder anderen Tanzschwoof mitzunehmen. Einmal tanzte Sabine einen ganzen Abend lang im Zigeunerkeller am Kurfürstendamm mit einem Türken, der sie immer wieder aufforderte. Ihr gefiel das. Sie fühlte sich erwachsen und war drauf und dran, sich in den Mann zu verlieben. Am Ende des Abends wurden Adressen ausgetauscht. Als er sie ein paar Tage später zu einem Rendezvous abholen wollte, ging ihm die Mutter entgegen und erklärte ihm auf freundliche, aber bestimmte Weise, daß sie diese Verbindung nicht gutheiße, ihre Tochter sei gerade sechzehn geworden und zu jung für ihn. Er war mehr als doppelt so alt wie sie.

Die finanzielle Situation war schwierig, große Sprünge konnte die Familie nicht machen. Wenn die Großmutter die Kleider für die beiden Mädchen nicht selbst nähte, wurde bei C&A oder Woolworth eingekauft. Hohe Ansprüche durften nicht gestellt werden. Auch für größere Reisen war kein Geld vorhanden. Dreimal wurde Sabine im Rahmen des Berliner Kinderverschikkungsprogramms »Ein Platz an der Sonne« an die Nordsee verschickt, zweimal in ein Kinderheim und einmal zu einer Familie in Niedersachsen, mit deren Tochter sie sich so eng anfreundete, daß sie noch heute mit ihr in Verbindung steht. Manchmal wurde in den großen Ferien die Schwester in Schweden besucht, oder die Mutter unternahm mit den beiden Mädchen eine Busreise in den Harz oder nach Österreich.

Eine der beliebtesten Abwechslungen war in jener Zeit der Kinobesuch. Lichtspielhäuser gab es unzählige in Berlin, fast so viele wie Eckkneipen. Dort liefen abwechslungsreiche Programme, vom schmalzigen Heimatfilm über den aus heutiger Sicht harmlosen Krimi bis zu den ersten Hollywoodfilmen, die bei Sabine und ihrer Schwester besonders beliebt waren. Zu Hause war Radiohören eine bevorzugte Freizeitbeschäftigung, vor allem Rias Berlin: *Paul Temple* oder *Es geschah in Berlin, Die Schlager der Woche* oder die Ratesendung *Mach mit.* »Wir waren Kinokinder und Radiokinder«, resümiert Sabine.

Dann kamen die ersten Diskobesuche, in der Eierschale, im Riverboat oder Bigapple, wo man die merkwürdigsten Getränke mixte, vorzugsweise mit Curaçao oder Bols blau. Auch dabei ließ die Mutter den Mädchen relativ viel Freiheit. Eher kam es schon einmal vor, daß sie sich mokierte:»Mein Gott, bist du langweilig.« Und wenn Sabine mit einem dicken Schädel aus der Disko nach Hause kam, bereitete ihr die Mutter eine Prärieauster, jene ominöse Mischung aus Wodka und Ei, in den fünfziger Jahren ein beliebtes Mittel, den Kater am nächsten Morgen zu vertreiben.

Auch was die ersten Jungenfreundschaften anging, verhielt sich die Mutter so klug, daß sie das volle Vertrauen ihrer Töchter behielt. Problemlos konnte Sabine der Mutter am nächsten Morgen erzählen, daß sie das erste Mal mit einem Jungen geschlafen hatte. Die Pille allerdings hatte sie ebenso wie ein paar Ratschläge, die eine umfassende Aufklärung ersetzen sollten, von ihrer Schwester erhalten.

Die Freiheit der eigenen Entscheidung

Sabine G. beschreibt ihre Mutter als offen, tolerant und unkompliziert. Die Freiheit, die sie für sich beanspruchte, gewährte sie auch ihren Töchtern. Auch bei ihrer Berufswahl mischte sie sich so wenig wie möglich ein.»Die ist intelligent, die macht das schon«, war meistens ihr lakonischer Kommentar, der durchaus ermutigend gemeint war.

Nur einmal, als es um eine wichtige Entscheidung in der schulischen Karriere ging, wurde sie von der Mutter im Stich gelassen. So jedenfalls sieht es Sabine G. heute. Im Alter von zehn

Jahren, zwischen der vierten und fünften Klasse, kam sie wegen eines auffälligen Befundes an der Lunge für eineinviertel Jahre in ein von Nonnen geführtes Kinderkrankenhaus in Quarantäne. Sie erhielt während der Zeit Privatunterricht und fand den Anschluß in der Schule, ohne ein Jahr wiederholen zu müssen. Trotzdem wurde sie, als der Wechsel auf die Oberschule anstand, der in Berlin im Gegensatz zu den anderen Bundesländern erst nach dem sechsten Schuljahr erfolgt, auf Anraten der Lehrerin für den TZ, den technischen Zweig, vorgeschlagen, obwohl ihre Leistungen durchaus für eine Empfehlung auf den WZ, den wissenschaftlichen Zweig, wie das Gymnasium genannt wurde, ausgereicht hätten. Die Mutter stimmte dem Votum der Lehrerin zu. Da sei sie wohl überfordert gewesen, meint Sabine, wie sie überhaupt den recht anspruchsvollen Berufswünschen der Tochter eher skeptisch gegenüberstand, sobald diese aus dem Kanon der üblichen Frauenberufe ausscherte. Grafikerin, Innenarchitektin, Journalistin – Sabine hatte immer neue Berufswünsche, vor denen die Mutter eindringlich warnte: »Die sind männerbesetzt, und du hast nicht die Ellenbogen dazu.«

Fortan fand Sabine die Schule langweilig. Sie fühlte sich unterfordert und fing an zu schwänzen. Die Mittlere Reife schaffte sie trotzdem und erhielt nun eine Empfehlung fürs Gymnasium. Ohne sich wirklich zu beraten, eher aus Überdruß entschied sie sich für den Besuch einer Wirtschaftsschule, wo sie Steno, Schreibmaschine und Buchhaltung lernte. Der Einfluß der Mutter hatte seine Wirkung nicht verfehlt. Erst Jahre später hat Sabine dann doch studiert.

Nach dem Abschluß ging sie für ein Jahr nach London als Au-pair-Mädchen. Sie wohnte in einer jüdischen Familie und war eng befreundet mit zwei gleichaltrigen Mädchen aus einer *working class*-Familie, die sie im Zug kennengelernt hatte. In London erfuhr sie zum erstenmal, was es heißt, politisch bewußt zu leben. Ihren Wunsch, anschließend noch ein Jahr nach Paris zu gehen, vereitelte die Mutter, indem sie ihr zu verstehen gab, daß sie ihre jüngste Tochter und die einzige, die noch nicht verheiratet war, gern wieder in ihrer Nähe hätte. Als Sabine G. nach Berlin zurückkam, begann die Studentenbewegung, und die Stadt war in Aufbruchstimmung. Sie machte Abitur am Berlin-Kolleg und studierte Erziehungswissenschaft mit Schwerpunkt Erwachsenenbildung. Sie ist Dozentin und seit vier Jahren stellvertretende Leiterin des Berliner Ausbildungsmodells für nachberufliche Aktivitäten (BANA) an der TU Berlin, wo ältere Menschen nach dem Ende ihrer Berufstätigkeit eine Weiterqualifikation erhalten, um Aufgaben im Sinne eines Bürgerengagements übernehmen zu können. In ihrer 1999 veröffentlichten Dissertation *Leben erzählen* geht sie aufgrund der im Erzählcafé gemachten Erfahrungen dem neuen Interesse an Lebensgeschichten vor dem Hintergrund der biographischen und autobiographischen Forschung nach. Ihre Umtriebigkeit, Neugier und ihr Tatendrang motivieren sie, sich für Menschen zu interessieren und mutig neue Wege zu beschreiten.

Als Single in Charlottenburg

Sabine G. verkörpert vieles, was heute zu einem typischen Single gehört. Das spürt man, sobald man ihre individuell eingerichtete geräumige Zweizimmerwohnung in Charlottenburg betritt, die wie eine Fundgrube für erlesene Erinnerungsstücke und originelle Objekte wirkt. An den Wänden viele gerahmte Bilder, Fotos und Poster, darunter ein Foto der Mutter als junges Mädchen, auf dem diese mit andachtsvollem Augenaufschlag gen Himmel blickt. Zu jedem Bild oder Gegenstand weiß Sabine G. eine eigene Geschichte zu erzählen, nichts ist nur Dekoration. Besonders stolz ist sie auf die zwei knallgelben Berliner Straßenbahnwaggons, akribisch genaue Nachbildungen aus Pappe, die der Vater einer Freundin angefertigt hat, der Straßenbahnfahrer gewesen war und sich nach seiner Pensionierung die ganze Kollektion eines Straßenbahndepots zusammenbastelte. Zwei davon haben einen Ehrenplatz auf einem grazilen Glastisch, eingerahmt von einer Fünfziger-Jahre-Vespa und einem 2 CV aus Blech.

Sabine G. liebt ihre Selbständigkeit, die ihr, wie sie sagt, die Mutter vorgelebt hat und die zu einer Maxime ihres Lebens wurde. Und sie liebt ihre persönliche Freiheit, die es ihr auch erlaubt, unterschiedliche Beziehungen zu haben, und wenn es sich ergibt, auch zu zwei Männern zur gleichen Zeit. Ihre ersten Amouren mit Gleichaltrigen waren eher bedeutungslos. Die beiden Männer, mit denen sie längere Beziehungen hatte, waren zwischen 15 und 20 Jahre älter als sie und haben sie auch intellektuell geprägt. »Irgendwie habe ich meinen Vater in meinen Männern nachgeholt«, konstatiert sie, ohne den Eindruck entstehen lassen zu wollen, als habe sie in den Liebhabern Väter gesehen. Sie waren Vorbilder und haben eine Art »Anschubhilfe« geleistet. Ironischerweise habe sie sich gerade in den Bereichen verwirklicht, vor denen die Mutter sie seinerzeit eingehend gewarnt hatte.

»Zum Trübsalblasen oder Jammern keine Zeit, kein Platz

und keine Lust.« Dieser Satz, zu lesen in der vorerst letzten Programmvorschau des Erzählcafés, könnte auch als Motto über ihrem eigenen Leben stehen. Die grundsätzlich hoffnungsvolle, optimistische Lebenseinstellung habe sie von ihrer Mutter geerbt, die jedoch, als sie älter wurde, eine große Angst entwickelte, abgeschoben zu werden. Jetzt versuchte sie, Sabine G. als einzige ihrer Töchter, die nicht verheiratet ist, an sich zu binden, und träumte davon, mit ihr zusammen in einer Wohngemeinschaft zu leben. Sabine G. gibt zu, daß sie daran nicht interessiert war und sich der an sie herangetragenen Verantwortung auf sanfte Weise zu entziehen versuchte. Die Mutter starb im Alter von 69 Jahren unvermittelt während eines Arztbesuchs. Einen Tag zuvor hatte die Tochter mit ihr eine kleine gemeinsame Reise an die Ostsee geplant, die sie sich gewünscht hatte.

Der verdrängte Vater

U rsula T. stammt aus einer bodenständigen Bauern-
familie, deren Gehöft in einem kleinen Dorf unweit
von Dresden lag, weshalb sie noch heute in der Weih-
nachtszeit auf den Dresdner Stollen, den »besten, den es gibt«,
nicht verzichten mag. Die helle Zweizimmerwohnung in einer
von Bruno Taut in den zwanziger Jahren gebauten Arbeitersied-
lung am Prenzlauer Berg in Berlin, in der sie seit einigen Jahren
wohnt, paßt zu ihrem unkapriziösen Wesen. Sie steht der Vergangenheit illusionslos gegenüber und wirkt zurückhaltend und
reserviert. Mit einem klaren, aufklärerischen Impetus blickt sie
zurück auf ihre Kindheit und nennt auch die Dinge beim Namen, die für sie unbequem und schmerzlich waren.

Die Fiktion vom vermißten Vater

Ursula T. ist 1945 kurz nach dem Ende des Krieges als unehali-
ches Kind geboren. Als die Mutter nach dem Krieg mit ihrer
Tochter nach Dresden in den Schoß der Familie zurückkehrte,
zog sie in eine notdürftige, aus Wohnstube und Küche bestehende Behausung in der Stadt. Die Wochenenden und die Ferien
verbrachten Mutter und Tochter auf dem Bauernhof der Großeltern. Während ihre Mutter als Korrespondentin und Sekretärin in verschiedenen Zeitschriftenverlagen arbeitete, versuchten die Großeltern und die Zwillingsschwester der Mutter, deren
Mann nicht aus dem Krieg zurückgekehrt war, den bäuerlichen

Betrieb aufrechtzuerhalten. Einige Zeit konnten sie die staat-
lich angeordnete Kollektivierung abwehren. Nach dem Tod des
Großvaters wurde es jedoch für die Frauen zunehmend schwerer, die Arbeit zu bewältigen. Da zudem die zukünftige Ausbildung der Kinder gefährdet gewesen wäre, wenn die Familie auf
der Selbständigkeit beharrt hätte, sahen sie sich schließlich gezwungen, dem Eintritt in die LPG zuzustimmen. Fortan arbeiteten sie als Genossenschaftsbauern auf dem ehemals eigenen
Hof. Dem Bruder der Mutter wurde aufgrund seiner »großbäu-
erlichen Herkunft« der Besuch der TU Dresden verwehrt. Er
ging Anfang der fünfziger Jahre nach Westberlin und studierte
an der FU Betriebswirtschaftslehre.

»Und Ihr Vater?« frage ich nach diesem kurzen Einblick in
die äußeren Verhältnisse der Familie. »Und der Vater!« wiederholt Ursula T. und atmet tief durch. Dann erzählt sie eine
Geschichte, die so absurd und unwahrscheinlich klingt, daß sie
nicht besser hätte erfunden sein können. Ein sich über sechs
Jahrzehnte erstreckendes Leben vor dem Hintergrund einer
monumentalen Lebenslüge. Sie habe darüber bisher mit kaum
jemandem gesprochen, vor allem nicht mit dem Menschen, den
es am meisten angeht, mit ihrer Mutter. »Meine Mutter hat es in
einer Art perfekter Verdrängung in ihrem Leben geschafft, für
mich die Fiktion aufrechtzuerhalten, mein Vater sei vermißt gewesen. Sie weiß nicht, daß ich es inzwischen besser weiß.«

Ursula T. besitzt von ihrem Vater nichts als ein briefmarken-
großes Foto, das ihn in Uniform, auf einem Pferd sitzend, zeigt.
Seine Gesichtszüge sind kaum zu erkennen. Ihre Mutter und ihr
Vater hatten sich in Italien in der Nähe von Triest kennengelernt.
Die junge, unternehmungslustige Frau aus Dresden war dorthin

als Sekretärin kriegsdienstverpflichtet worden, der Vater war als rangniedriger Offizier bei der Marine eingesetzt. Sie verliebten sich ineinander, und eine Kriegsromanze nahm ihren Lauf. Daß er eine Familie hatte, verschwieg er ihr. Als sie das Foto seiner Frau mit den drei Kindern auf seinem Schreibtisch entdeckte, brach sie die Verbindung zu dem Mann, von dem sie sich aufs Äußerste betrogen fühlte, für alle Zeiten ab. Bald darauf stellte sie fest, daß sie schwanger war; mehrere Abtreibungsversuche blieben erfolglos.

Nachdem Ursula T. in Timmendorfer Strand zur Welt gekommen war, ging die Mutter mit dem Neugeborenen zurück nach Dresden. Hier zog sie ihre Tochter allein auf. Die offizielle Version für Verwandte und Bekannte war, daß der Vater ihrer Tochter vermißt sei. Die nach dem Ende des Krieges erfolgte Teilung Europas in zwei Blöcke und der Kalte Krieg machten es möglich, daß solche Konstruktionen lange aufrechterhalten werden konnten. Die Alimente, die der Vater zu zahlen verpflichtet war und bis zu ihrem 18. Lebensjahr regelmäßig zahlte, überwies er auf ein Konto des in Westberlin lebenden Bruders der Mutter, der sie in Sachleistungen an die Schwester weiterleitete.

Nach der Wende und nachdem Ursula T. längst Zweifel am Wahrheitsgehalt des vermeintlichen Schicksals ihres Vaters gekommen waren, begann sie zu recherchieren. Sie befragte den Onkel in Westberlin, der sich in Stillschweigen hüllte, weil er seine Schwester nicht verraten wollte. Über viele Umwege machte sie schließlich den Mann ausfindig, der ihr Vater ist.

Der lehnte ein Treffen zunächst ab und ließ sich erst auf ihr wiederholtes Bitten darauf ein. Das war 1992, und es blieb bei dieser einen Begegnung, obwohl ihr der Mann durchaus sympathisch war.»Ich habe da ein sehr nettes altes Ehepaar kennengelernt und eine andere Version erfahren als die, die ich von meiner Mutter kannte.« Der Vater erzählte ihr, daß er und seine Frau bereit gewesen waren, sie zu adoptieren.»Aber nachdem die Mutter unter all den Widrigkeiten mich schließlich zur Welt gebracht hatte, wollte sie mich nicht mehr hergeben.« Bei diesem einmaligen Besuch beim Vater traf Ursula T. einen stillen, ausgeglichenen, zu heiterem Gemüt veranlagten Rheinländer: »Weitere Ähnlichkeiten festzustellen wäre zu bemüht. Aber ein bißchen von dieser Leichtigkeit habe ich auch.«

»Ich bin von Katzen sozialisiert«

Vermeintlich gehörte Ursula T. zu den vielen Kindern, deren Väter im Krieg gefallen oder noch vermißt waren, eine Situation, die sie als selbstverständlich nahm, zumal sie sich zunächst in der Hoffnung wiegte, daß er zurückkehren würde wie die Väter einiger Klassenkameradinnen. In dem Haus, in dem sie mit der Mutter wohnte, gab es nur einen Familienvater, der wahrscheinlich kriegsuntauglich gewesen war. Er war immer zu Hause, was die Kinder eher verwunderlich fanden.»Die Männer sind noch nicht zurück«, hieß es oft in ihrer Umgebung, was wie eine Vertröstung auf bessere Zeiten in einer unbestimmten Ferne klang. Ursula T. schöpfte zunächst keinen Verdacht, daß daran etwas nicht stimmen könnte.

Als Kind war sie viel auf sich gestellt. Abgesehen von den Wochenenden und den Ferien, die sie mit oder ohne Mutter auf dem Bauernhof verbrachte, wo sie mit den drei Kindern der Zwillingsschwester der Mutter spielte, war sie in ihrer Kindheit sehr viel allein, eine Schlüsselkindbiographie, die es in der DDR genauso gab wie in Westdeutschland. Die Mutter war entweder auf der Arbeit oder besuchte eine der vielen Parteiversammlungen, die sie als »redliche, pflichtbewußte Sächsin« nicht versäumen wollte. Sie war schon bald nach dem Ende des Krieges in die Partei eingetreten. »Ich war viel allein, das hat mich maßgeblich geprägt, relativ distanziert zu sein. Ich kann gut allein sein, verbringe auch heute viel Zeit und fast alle Wochenenden allein.« Zum Trost hatte sie in ihrer Kindheit immer eine Katze, und Katzenliebhaberin ist sie bis heute. »Ich bin von Katzen sozialisiert.«

Ursula hat sich früh von der Außenwelt abgekapselt und niemandem etwas erzählt von dem, was sie in ihrem Inneren bewegte. Wie um sich zu schützen, hat sie das Verhältnis zur Mutter »auf Sparflamme gehalten«, sagt sie. Um nicht in Schuldgefühlen zu ersticken, hat sie deren Erwartungen »mehr oder weniger erfüllt«. Aber »brav«, wie man es in jener Zeit von Kindern erwartete, sei sie nicht gewesen.

Obwohl die Tochter inzwischen ihr ein und alles und der eigentliche Sinn ihres Lebens war, fühlte sich die Mutter mit der Verantwortung für deren Erziehung überfordert. Sie war eine gutaussehende, aparte Frau, die immer irgendwelche Verehrer hatte und zu theatralischen Szenen neigte, die das Kind mehr oder weniger genervt über sich ergehen ließ. Ursula erinnert sich, wie die Mutter, konfrontiert mit den schlechten Noten ihrer Tochter in Betragen, sich bäuchlings aufs Sofa warf und jammerte: »Womit habe ich das verdient?«

Wann immer Ursula die Mutter nach ihrem Vater fragte, bekam sie dieselbe ausweichende Antwort: »Ach, das ist so lange her, ich kann mich nicht mehr erinnern.« Die Mutter hatte die Enttäuschung ihres Lebens mit einer derartigen Perfektion verdrängt, daß sie schließlich selbst an ihre Lüge zu glauben schien.

Das Gefühl, Männer nicht zu kennen

1964, gleich nach dem Abitur, siedelte Ursula T. von Dresden nach Ostberlin über. Sie studierte Anglistik und Slawistik und war nach dem Studium vier Jahre als Lehrerin tätig. Noch während ihres ersten Berufsjahres heiratete sie einen Mathematiker. 1971 wurde ihre einzige Tochter geboren. Nach zehnjähriger Ehe trennte sie sich von ihrem Mann, weil er ihr zu autoritär erschien und sie ständig bevormundete. »Ich hab das nicht ausgehalten und mich getrennt, um mich innerlich nicht noch mehr zu verbiegen.« Nachdem sie den Lehrerberuf an den Nagel gehängt hatte, fand sie zunächst eine Anstellung als Redakteurin im Verlag Junge Welt.

1978 ging sie mit ihrer siebenjährigen Tochter nach Moskau, um dort in einem Verlag zu arbeiten. Auf diese Weise wollte sie ihre Russischkenntnisse vervollkommnen, in der Hoffnung, in Zukunft als Übersetzerin arbeiten zu können. Nach eineinhalb Jahren wurde sie aus politisch fadenscheinigen Gründen entlassen und mußte mit der Tochter, die in Moskau in die Schule gegangen war, nach Berlin zurückkehren. Zu ihrer eigenen Überraschung fand sie eine Anstellung beim ADN. Hier arbeitete sie bis zur Wende. Nach einer kurzen Zeit der Arbeitslosigkeit nahm sie ein berufsbegleitendes sozialpädagogisches Studium auf, das sie mit dem Staatsexamen abschloß. Sie landete aber trotzdem auf dem »zweiten Arbeitsmarkt«. Heute arbeitet sie in einem

Verein für russischsprachige Migranten offiziell als Sozialpädagogin. In Wirklichkeit ist sie »Mädchen für alles«, eine Arbeit, die sie durchaus ausfüllt.

Einen wesentlichen Aspekt der Vaterlosigkeit sieht Ursula T. darin, daß sie stets das Gefühl hatte, Männer nicht zu kennen. »Man weiß nicht, wie Männer sind. In meiner Familie gab es bestenfalls die Cousins, die ein bißchen älter waren. Es gab keine Männer. Ich hab gar nicht erleben können, wie sich Männer verhalten, abgesehen von den Landarbeitern, die es zu Anfang noch gab, die sich servil gegenüber den Erwachsenen verhielten und den Kindern gegenüber freundlich herablassend. So kam es, daß ich erst allmählich herausgefunden habe, was ich an Männern vertrage und was nicht.«

Nach der Scheidung war sie lange mit einem Mann liiert, der das Gegenteil von ihrem geschiedenen Mann war, »herzensgut« und nicht bevormundend. Als qualifizierter Bauingenieur genoß er in seinem Betrieb eine gewisse Narrenfreiheit. Seine ständigen »sympathischen Überraschungen« waren beliebt. Ursula T. beschreibt ihn als »Lebens- und Verwandlungskünstler, universell begabt, aber überall dilettierend«. Auf einem Foto sieht man sie als fröhliche junge Frau neben einem Mann in orientalischen Gewändern mit einem Turban auf dem Kopf, eine seiner »Verwandlungen«.

Nach der Wende hat sie darüber nachgedacht, eine Therapie zu machen. In der DDR waren Therapien weit weniger opportun als in der Bundesrepublik, wo es in den siebziger und achtziger Jahren für Menschen in sozialpädagogischen Berufen fast obligatorisch war, sich irgendeiner Form von Therapie zu unterziehen. In der DDR war weniger der innere Leidensdruck als ein gesellschaftliches Versagen der Anlaß, sich in eine psychotherapeutische Behandlung zu begeben, die dort »Selbstfindungstherapie« genannt wurde. Wegen ihres schwierigen Verhältnisses zur Mutter habe sie eine Therapie erwogen, sich dann aber dagegen entschieden. Statt dessen entschloß sich ihre Tochter, Psychologie zu studieren.

»Ich kann nicht sagen, daß ich meine Mutter liebe«

Ursula T. hat sich vorgenommen, auch weiterhin auf Distanz zu ihrer Mutter zu bleiben. Sie besucht sie zwar regelmäßig, aber ihre beruflichen Verpflichtungen und das Haus im Oderbruch, das sie mit dem Freund gekauft hatte und um das sie sich heute allein kümmert, sind Gründe genug, nicht so oft nach Dresden fahren zu können. Sie ist sich im klaren darüber, daß sie als einzige Tochter inzwischen »so etwas wie eine Altersversicherung« ist für die einundneunzigjährige Mutter, die noch allein lebt und körperlich recht fit ist. Trotzdem klagt diese viel, ist mit ihrem Leben gänzlich unzufrieden und sieht sich um alles Schöne betrogen. Daß sie es nicht geschafft hat, eine Familie zu gründen, obwohl sie eine gutaussehende Frau war und viele Verehrer hatte, erscheint ihr im nachhinein als Makel.

Ursula T. befürchtet, daß ihre Mutter in ihrer besitzergreifenden Art mit zunehmendem Alter zu einem Problem für sie werden wird. »Wenn die Kinder keine eigene Familie haben, dann stellt sich die Familienhierarchie aus Zeiten wieder her, wo die Kinder Kinder waren. Das merk ich bei meiner Mutter auch. Wenn ich eine Familie hätte, wäre der Zugriff, der gedankliche und der reale, nicht so stark. Aber ich muß ja für niemanden da-

137

sein, also für meine Mutter. Das war in der Familie meiner Mutter auch so. Meine Großmutter war eine starke Frau, die ihre Töchter in Schach gehalten hat. Sie hat sogar Ehen vereitelt, wenn der Mann nicht den richtigen Glauben hatte ... Daß ich immer ein Verhältnis auf Abstand zu meiner Mutter hatte, muß dieser Instinkt gewesen sein, schon ein pränataler Instinkt, nicht gewollt gewesen zu sein.« Daran hat sich für Ursula T. auch nichts geändert, als die Mutter ihre Tochter, die ein beliebtes und bewundertes Kind war, stolz präsentierte.»Später ist es dann umgeschlagen, daß ich fürs Prestige herhalten mußte. Aber ich habe, solange ich denken kann, eine Distanz und Abwehrhaltung gehabt, hab mich der Mutter gegenüber weder geöffnet, noch hab ich sie viel gefragt, hab mich ziemlich versteckt. Ich bin zu wohlerzogen, das Gegenteil zu sagen, aber ich kann nicht sagen, daß ich meine Mutter liebe.«

Nachdem Ursula T. die Lüge aufgedeckt und ihren Vater getroffen hatte, versuchte sie mehrmals, mit der Mutter darüber ins Gespräch zu kommen, indem sie sie provozierte. Aber sie hatte jedesmal Angst, daß die alte Frau, die damals schon über Achtzig war, aber noch immer zu theatralischen Ausfällen neigte, es nicht überstehen würde, von der Tochter einer lebenslangen Lüge überführt zu werden. So insistiert sie nicht weiter, denn »ich möchte nicht schuld sein, wenn sie einen Herzinfarkt kriegt«.

»Vielleicht wäre ich anders geworden, hätte ich einen Vater gehabt«

Ingrid B. ist im Februar 1942 in Bremen geboren und kann sich noch lebhaft an die schweren Bombenangriffe auf die Stadt in den letzten Monaten des Krieges erinnern. »Wir haben bei den Großeltern gewohnt, und ich muß ganz schrecklich nervig gewesen sein. Wenn Alarm war, habe ich immer alle geweckt, und ich durfte auch nicht in den Bunker, weil ich die anderen Kinder immer geweckt habe. Also durfte ich mit in den Erwachsenenbunker, was natürlich toll war, weil alle Erwachsenen sich um mich gekümmert haben.«

Für Ingrid war der nächtliche Fliegeralarm aufregend. »Es war nichts, was mich erschreckt hat.« Wenn die Sirenen einsetzten, rannte die Mutter mit ihr in den Keller des Hauses, in dem sie mit den Großeltern wohnten. Das Haus war in den dreißiger Jahren gebaut worden und hatte einen eigens für die Bewohner vorgesehenen Luftschutzkeller. Da habe sie dann im Bett gestanden und »Alarm, Alarm« geschrien. Sie erinnert sich an ein österreichisches Schauspielerehepaar, das mit ihr gespielt hat, und an eine Frau, die Hasen hatte und die ihr immer Kleeblätter in den Luftschutzkeller mitbrachte. »Ich wundere mich selbst, daß ich mich so gut erinnere, ich war damals zweieinhalb. Es hat mir niemand erzählt.«

Solange es möglich war, blieb die Familie während der Bombenangriffe im Luftschutzkeller ihres Hauses. Erst in den letzten Wochen des Krieges, als die Angriffe immer heftiger wurden, suchten sie Schutz im zentral gelegenen Bunker der Stadt, der mehr Sicherheit bot. Dort gab es spezielle Mutter-Kind-Abteile, in denen nicht gesprochen werden durfte, um die Kinder nicht im Schlaf zu stören. Schlafend, so hoffte man wohl, würden sie die Strapazen der nächtlichen Aufenthalte im Bunker oder Luftschutzkeller noch am ehesten schadlos überstehen.

Die Phosphorbomben, die in den letzten Nächten über Bremen abgeworfen wurden, richteten verheerende Brände in der Stadt an. Es brannten ganze Straßenzüge. »Daran kann ich mich auch erinnern, daß es sehr gebrannt hat. Feuer ist ja eigentlich was Schönes. Ich kann mich nicht erinnern, mich in irgendeiner Weise bedroht gefühlt zu haben.«

Ingrids Mutter, die 1911 geboren ist, hatte vor dem Krieg die Handelsschule besucht und sich zur kaufmännischen Angestellten ausbilden lassen. Sie war eine für damalige Verhältnisse sehr selbständige Frau, die von jeher ihrem Beruf nachging. Vor dem Krieg unternahm sie gern Schiffsreisen auf Frachtdampfern, eine Art zu reisen, die Insidern vorbehalten war und einen Hauch von Abenteuer versprach. Geheiratet hat sie relativ spät. Sie war mit ihren 30 Jahren fast schon, was man früher »eine alter Jungfer« nannte, als sie ihren Mann, Ingrids Vater, 1941 kennenlernte.

Ingrids Vater war groß und sportlich, hatte blaue Augen und entsprach dem nationalsozialistischen Idealbild eines Mannes. Er stammte aus einfachen Verhältnissen und arbeitete als kaufmännischer Angestellter in einer Fabrik. Durch den Eintritt in die SS versprach er sich gesellschaftliche Anerkennung. Allerdings habe »das mit dem Aufstieg nicht recht geklappt, weil er stockkurzsichtig war«, meint Ingrid B. nüchtern. Er sei als begeisterter Anhänger der Nazis in den Krieg gezogen. Aus den letzten Briefen, die er von der Front geschickt hat, geht allerdings hervor, daß er schon bald den Krieg zu hassen begann. »Da war nichts mehr mit Idealen. Er wäre nicht als Nazi zurückgekommen, denn er war wohl sehr enttäuscht.« Die Briefe befanden sich im Besitz der Mutter, und Ingrid B. las sie nach deren Tod zum erstenmal.

Über den Vater und seinen Tod hat die Mutter wenig mit ihrer Tochter gesprochen. Sie gab vor, nichts Genaues zu wissen. Das einzige, was sie, wenn auch nicht mit absoluter Sicherheit, wußte, war, daß er einer Einheit angehörte, die im August 1941 an der Narwa stationiert wurde. Bereits im Herbst 1941 wurde er in einem offiziellen Bericht der Wehrmacht als »vermißt und wahrscheinlich verstorben« gemeldet. Weder über ehemalige Kameraden, die sie nach dem Krieg gelegentlich besuchten, noch über den Suchdienst des Roten Kreuzes erfuhr sie genauere Einzelheiten. Ingrids Mutter war also bereits Witwe, als ihre Tochter zur Welt kam. Sie bezog eine Kriegerwitwenrente, die allerdings so niedrig war, daß sie zunächst als Kontoristin in einer privaten Firma arbeitete. Mitte der fünfziger Jahre erhielt sie eine Stelle im öffentlichen Dienst.

Bis zu ihrem zwölften Lebensjahr lebte Ingrid B. mit ihrer Mutter bei den Großeltern. Der Großvater hatte das Zweifamilienhaus, das durch Bomben teilweise zerstört war, in kurzer Zeit wieder aufgebaut. Bei ihnen wohnte auch der sieben Jahre jüngere Bruder der Mutter, der unverletzt aus dem Krieg zurückgekehrt war und eine Ingenieurschule besuchte. Ingrid B. erinnert sich an seine hübschen Märklin-Autos, mit denen er seine Nichte aber nicht spielen ließ. Und sie erinnert sich, daß er immer eifersüchtig darauf war, wie fürsorglich sie behandelt wurde. »Am liebsten wäre er auch noch wie ein Kind behandelt worden.«

Schlüsselkind mit orangen Haaren

Nach dem Tod der Großmutter im Jahr 1955 zog die Mutter mit ihrer Tochter in eine kleine Wohnung in der Innenstadt, zwei Zimmer, Küche, Bad. Den Kontakt zum Großvater brach die Mutter ab, weil sie ihm nicht verzieh, daß er als einziger Mann in einem Haushalt mit drei Frauen den Patriarchen gespielt und zu Lebzeiten seiner Frau in der gemeinsamen Wohnung Freundinnen empfangen hatte.

Ingrid B. war von nun an ein Schlüsselkind. Die Mutter kochte das Essen jeden Tag vor und stellte es in den Kühlschrank. Sie hatte wenig Zeit für ihre Tochter. Selbst wenn sie zu Hause war, wirkte sie gestreßt. »Ich habe sie so gut wie nie gesehen. Da sie immer viel gearbeitet hat, war sie wenig für mich da, und wenn doch einmal, wirkte sie immer sehr angestrengt. Sie war entweder nicht da, oder sie war müde.« Ingrid B. kann sich nicht erinnern, mit der Mutter über persönliche Probleme, über schulische Belange oder familiäre Angelegenheiten gesprochen zu haben. Meistens wurden nur rasch die alltäglichen und organisatorischen Probleme geklärt.

Über den Vater redete die Mutter so gut wie nie. »Als einige der anderen Väter heimkehrten, da habe ich ihn schon sehr vermißt.« Und so ging sie manchmal heimlich zum Bahnhof, wenn wieder ein Heimkehrertransport angekommen war. Aber mit ihrer Mutter konnte sie darüber nicht sprechen.»Meine Mutter hat wenig gesagt. Man konnte mit ihr schlecht reden, und über den Vater hat sie schon gar nichts erzählt. Jedenfalls kann ich mich an kein Gespräch über den Vater erinnern.« Ein Bild des Vaters in Uniform stand auf dem Büfett im Wohnzimmer. So wußte sie wenigstens, wie er ausgesehen hat. Wie um diesem Manko der Vaterlosigkeit etwas entgegenzusetzen, hängt in der gemütlichen Wohnküche, in der wir das Gespräch führen, ein Hochzeitsbild der Eltern an exponierter Stelle an der Wand.

Die Mutter war insgesamt still und zurückhaltend und tat sich schwer, neue Menschen kennenzulernen. Auch auf den Reisen, die Mutter und Tochter einmal im Jahr für drei Wochen zusammen unternahmen, in den Schwarzwald oder in den Harz, änderte sich das nicht. Ingrid B. erinnert sich, wie unwillig sie auf den jeweiligen Wanderungen hinter der Mutter hertrottete. Sie wäre viel lieber schwimmen gegangen und war immer froh, wenn es in dem Ferienort auch ein Schwimmbad gab. Außerdem brachte es die Möglichkeit mit sich, andere Menschen zu treffen.»Sie hat nie jemanden kennengelernt, ich weiß nicht, ob sie nicht wollte oder nicht konnte. Jedenfalls sind wir immer allein herumgezockelt.« In späteren Jahren hatte sie wenigstens ein Theaterabonnement mit einer Freundin.

Im Gegensatz zu früher war die Mutter, als sie noch allein reiste, durch die Erfahrungen des Krieges und die Verantwortung für die Tochter ein eher ängstlicher Mensch geworden. Sie konnte sich überhaupt schwer von ihrer Tochter trennen. Ingrid B. durfte nicht an einer »Kinderlandverschickung« teilnehmen, durfte auch nicht bei anderen Kindern übernachten oder eine Freundin oder Mitschülerin mit nach Hause bringen, was sie manchmal gern getan hätte, um ein wenig Abwechslung zu haben. Die Bedenken der Mutter konnte die Tochter ebensowenig nachvollziehen wie ihre Angst, es könnte in die Wohnung eingebrochen werden. Um zu verhindern, daß jemand wußte, daß sie einen Fernseher besaßen, wurde er im Schrank versteckt. Auf die Fragen nach dem Grund für solche Vorsichtsmaßnahmen erhielt die Tochter keine erschöpfende Antwort. Meist sagte die Mutter nur:»Das macht man so.«

Obwohl Ingrid B. auf eine eher nüchterne, freudlose und wenig abwechslungsreiche Kindheit zurückblickt, denkt sie nicht ungern an die Zeit mit der Mutter zurück. Sie sei zwar eine sehr angepaßte und konventionelle Frau gewesen. Aber heute könne sie ihr das nachsehen.»Sie konnte eben nicht über ihren Schatten springen« und»als Kind ihrer Zeit« nicht anders handeln. Sie empfindet heute eher Mitleid mit der Mutter, deren Leben in erster Linie aus Pflichterfüllung und Arbeit bestand und der Verantwortung für ihre Tochter, die sie als zusätzliche Bürde empfunden haben muß.

Es sei ja für die Mutter auch nicht leicht gewesen, eine solche Tochter zu haben, mit der, wie sie hinzufügt,»nicht viel Staat zu machen war«. Ingrid B. fühlte sich nämlich rundherum häßlich. Nicht nur, weil sie klein, dick und ungeschickt war, sie litt vor allem unter ihren roten Haaren.»Für meine Mutter war ich das rothaarige Kind, für die Spielkameraden die mit den orangen Haaren.« Wegen ihrer roten Haare, die sie wie viele junge Mädchen in den fünfziger Jahren zu einem Pferdeschwanz zusammenband, wurde sie die ganze Schulzeit über gehänselt und geärgert. Einmal schmiß ihr sogar jemand einen Stein an den Kopf. Außerdem ärgerte es sie, daß man sie immer leicht ausfindig machen konnte, weil sie so gut zu erkennen war. Es hieß dann: »Die mit den orangen Haaren war auch dabei.« Dabei sei sie eher ein brünetter Typ gewesen mit braunen Augen, nicht blauen oder grünen, die auf eine Verwandtschaft mit Hexen oder anderen gefährlichen Wesen hindeuten, sagt sie und fügt hinzu: »Ich war ja wirklich nicht gefährlich und auch keine Schönheit mit meinen roten Haaren.«

Im ganzen betrachtet und im Vergleich zu einer heutigen Kindheit in der Stadt habe sie eine schöne Kindheit gehabt. Sie hatte viel Freiheit und konnte draußen im Wald spielen, »was tierischen Spaß gemacht hat«. Zur Schule fuhr sie 20 Minuten mit dem Fahrrad. Vor allem erinnert sie sich an ihre Jugend als eine völlig angstfreie Zeit. Bis auf den heutigen Tag ist Ingrid B. ein auffallend angstfreier Mensch.

»Es war zwar kein Geld da, ich konnte nicht auf Partys gehen und hatte keine feschen Kleider, aber im nachhinein betrachtet, hat es mir eigentlich an nichts gefehlt.« Mit fünfzehn oder sechzehn fing sie an, in den Ferien zu arbeiten, um sich etwas Geld dazuzuverdienen und um sich chic kleiden zu können. Sie mochte die selbstgenähten oder umgeänderten »Klamotten« nun nicht mehr, ebensowenig wie die »Kratzstrümpfe«, die sie bis tief in den Sommer tragen mußte. Die Kleiderfrage war eins der wenigen Dinge, in denen sie gegen die Mutter revoltierte. Den ersten Petticoat nähte sie sich selbst, »mit tausend Rüschen und mit Zuckerwasser gestärkt«. Nach der mittleren Reife besuchte Ingrid eine Modeschule und erlernte den Beruf der Schneiderin.

Obwohl ein Teil der Verwandtschaft mütterlicherseits aus sogenanntem guten Hause stammte und in begüterten Verhältnissen lebte, fanden Ingrid und ihre Mutter keinen Zugang zur feineren Bremer Gesellschaft. Ob das anders gewesen wäre, wenn sie eine vollständige Familie gewesen wären, läßt sich nur mutmaßen. Gelegentlich wurden sie beide zu einer Feier von den Verwandten eingeladen. Aber sie fühlten sich nicht wohl und auch nicht recht gelitten auf dem glatten Parkett der feineren Gesellschaft. Da hätte es des schamlosen Affronts eines Vetters gar nicht bedurft, der in geheucheltem Mitgefühl der Mutter gegenüber äußerte, was in Anwesenheit eines männlichen Verwandten sicher etwas zurückhaltender ausgefallen wäre:»Du mußt dir hier ja etwas deplaziert vorkommen.« Solche und ähnliche Situationen schweißten Mutter und Tochter in einer freundschaftlich-schwesterlichen Weise um so enger zusammen. Bis zu ihrem 21. Lebensjahr, dem Jahr, in dem ein Mädchen damals mündig wurde, lebte Ingrid B. mit der Mutter im gemeinsamen Haushalt.

Keine»Machomänner«

1963 ging sie nach Berlin. Die Mutter hat weiter zu ihr gehalten und war immer für sie da, wenn sie sie brauchte. Obwohl sich im Leben der Tochter einiges anders entwickelte, als es sich die Mutter in ihrer konventionellen Lebenseinstellung gewünscht hatte. So machte sie der Tochter beispielsweise keine Vorhaltungen, als diese ihr eröffnete, daß sie schwanger sei, aber den Vater ihres Kindes nicht zu heiraten gedenke. Im Gegenteil, die Mutter war solidarisch und half ihr. Sie kam, sooft sie konnte, zur Tochter nach Berlin. Ohne die Mutter, meint Ingrid B., hätte sie die doppelte Belastung von Kindererziehung und Studium nicht bewäl-

146

tigen können. Da sich die Erziehungsideale der Mutter von den Ideen der in den sechziger und siebziger Jahren praktizierten antiautoritären Erziehung wesentlich unterschieden, kam es zu Streitereien. In dieser Situation stellte Ingrid B. die Mutter vor die Alternative, sich entweder an ihre Erziehungsmuster zu halten oder sich zurückzuziehen, was bedeutete, daß sie ihre Enkeltochter nicht mehr sehen würde. Die Mutter entschied sich für Tochter und Enkeltochter und paßte sich an. Sie starb bereits im Alter von 61 Jahren an vielen verschiedenen Krankheiten, die sie sich im Laufe ihres Lebens eingehandelt hatte. Denn, so sagt ihre Tochter heute, ohne zu klagen sei sie insgesamt sehr schonungslos mit sich umgegangen.

Ingrid B. machte das Abitur am Berlin-Kolleg und begann, Jura zu studieren. Ihr, wie sie sagt, tief verankertes Rechtsempfinden, das wohl ein Motiv für die Wahl des Studiums war, wurde gravierend verletzt, als der Vater ihres Kindes die Vaterschaft bestritt und die Zahlung von Alimenten verweigerte. Obwohl sie das Jurastudium nicht abgeschlossen hat, habe sie vor allem bei den Praktika in diversen Anwaltskanzleien viel gelernt. Die voranschreitende Politisierung und die Erkenntnis, mit welcher Selbstverständlichkeit Juristen mit einer NS-belasteten Vergangenheit in den Staatsdienst aufgenommen worden waren, während Aktivisten und Sympathisanten linker Bewegungen der Eintritt in den öffentlichen Dienst systematisch verweigert wurde, ließ sie allerdings von einer Karriere als Juristin Abstand nehmen. Sie widmete sich wieder verstärkt der Schneiderei und Kostümbildnerei und machte einen Taxischein, um als Freiberuflerin für alle Eventualitäten gewappnet zu sein.

In ihrem Verhältnis zu Männern liebt Ingrid B., wie sie es

nennt, »das Unkonventionelle, leicht Abgedrehte«. Sie hat gute Kontakte zu Schwulen, weil sie Frauen oft viel besser verstünden als Heteromänner. »Machomänner« langweilen sie. Ebenso solche, denen sie vergeblich klarzumachen versucht, daß sie, wenn sie nein sagt, auch nein meint. Sie sei Männern gegenüber immer unkompliziert, einfach und direkt gewesen. »Entweder sie gefielen mir oder nicht, aber nein ist nein, und ich war nie eine Frau, die das Weibchen herauskehrt.«

Ingrid B. ist zufrieden mit ihrem Leben. Sie ist 63 Jahre alt und erhält eine kleine Rente, die für das Nötigste reicht. Ihre sehr persönlich eingerichtete Eigentumswohnung in Charlottenburg ist eine Kombination aus Wohn- und Arbeitsraum. Da sie gut nähen kann, viel Phantasie hat und viele Kontakte zu Künstlern, hat sie an vielen Theater-, Film- und Fernsehproduktionen, teils als Garderobiere, teils als Kostümbildnerin, mitgewirkt, auch, wie sie stolz erwähnt, an einem Film mit Franca Potente.

Sie ist optimistisch und von erfrischender Klarheit und Offenheit und steht durchaus mit beiden Beinen auf der Erde. Illusionen hat sie nicht mehr. Aber sie ist immer noch bereit, sich überraschen zu lassen und dem Leben neue, unerwartete Seiten abzugewinnen. Vor kurzem ist sie zum drittenmal Großmutter geworden. Ihre Tochter, die wie sie ein eher unkonventionelles Leben führt, schickt sich gerade an, den Vater ihrer Kinder zu heiraten.

Im großen und ganzen hat Ingrid B. sich mit ihrem Vater nicht weiter auseinandergesetzt. »Ich glaube, ich hätte mich mit meinem Vater nicht verstanden, er war ein lieber, netter, ehrgeiziger Mensch, aber pingelig, penibel und überkorrekt, alles Sachen, die ich nie war. Vielleicht wäre ich anders geworden, hätte ich einen Vater gehabt.« Das wenige, das sie von ihm weiß, hat sie nicht von ihrer Mutter, sondern von der »anderen Groß- mutter« erfahren, der Mutter des Vaters, der sie einmal im Jahr, beim weihnachtlichen Familientreffen, begegnete und die dann gern Geschichten von ihrem Sohn, Ingrids Vater, und von Ver- wandten zum besten gab. Diese Großmutter hat ihr auch erzählt, daß sie einem Onkel, einem Architekten, ähnle, den es nach Monrovia verschlagen hatte, wo er trotz Pleiten immer wieder Ideen entwickelt und neu angefangen habe. Solchen Geschich- ten hörte die junge Ingrid B. aufmerksam zu. Sie fühlte sich dem Onkel viel stärker verbunden als dem eigenen Vater. Irgendwie gefiel es ihr, wenn die Großmutter feststellte, daß sie ihm ähn- lich sei.

Die Frage nach dem Vater
blieb unbeantwortet

I m großen und ganzen ist Brigitte M. mit ihrem Leben zufrieden. Zum erstenmal lebt sie allein, ist nur für sich selbst verantwortlich und hat Zeit, sich ihren eigenen Interessen zu widmen. Heute führt sie ein Leben, von dem sie früher nicht einmal zu träumen gewagt hatte. Denn bis zu ihrem Vorruhestand, in den sie mehr unfreiwillig als freiwillig versetzt wurde, bestand ihr Leben ausschließlich aus Arbeit und Pflichterfüllung und der Verantwortung für ihre drei Kinder. Heute besucht sie Seminare über Kunst und Architektur der Seniorenuniversität an der Freien Universität Berlin, treibt Sport, liest viel und pflegt neue Freundschaften und Bekanntschaften. Zu ihren zwei Töchtern und ihrem Sohn hat sie ein gutes, vertrauensvolles Verhältnis. »Es klappt alles, aber nicht mit den Männern«, sagt Brigitte, »ist vielleicht auch besser so, da gibt's keine Konflikte, keine Probleme.«

Es hat ein Leben gedauert, bis sie zu der selbständigen und selbstbewußten Frau geworden ist, die mir jetzt gegenübersitzt. Zweimal war sie verheiratet. Aber jedesmal war sie es, die die Trennung vollzog und die Scheidung vorantrieb. Beide Male sei sie im Laufe der Ehe in eine bis zur Selbstaufgabe reichende Abhängigkeit geraten, habe sich untergeordnet und ihre eigenen Interessen hinter denen der jeweiligen Männer zurückgestellt. Sie habe jedesmal zu schnell geheiratet, und beide Männer hätten nicht wirklich zu ihr gepaßt, meint sie heute. Es komme ihr so vor, als sei sie einem Bedürfnis nach Sicherheit gefolgt, das wenig mit ihr selbst, viel dagegen mit den familiären und gesellschaftlichen Erwartungen zu tun hatte, die an sie als junge Frau gestellt wurden. Sie hat heute weder zu ihrem ersten noch zu ihrem zweiten Mann Kontakt. Auch ihre drei Kinder aus der ersten Ehe haben keinen Kontakt zu ihrem Vater.

Eine Bäckerei in Schwarzenberg in Sachsen

Geboren 1940 in Chemnitz, verbrachte Brigitte M. ihre Kindheit und Jugend in Schwarzenberg, jenem kleinen Ort im Erzgebirge, der nach dem Ende des Zweiten Weltkriegs für kurze Zeit als Freie Republik von sich reden machte. Nach dem Muster einer Räterepublik sollten hier alle in Freiheit mit gleichen Rechten und Pflichten leben können. Natürlich hat Brigitte M. Stefan Heyms Roman *Schwarzenberg* gelesen, als er vor 20 Jahren in der DDR erschien. Aber für sie war und ist Schwarzenberg das Synonym für eine freudlose Kindheit und triste Jugend.

Die Familie mütterlicherseits, die eine renommierte Bäckerei besaß, wohnte seit mehreren Generationen in dem Ort. Nach dem Tod des Großvaters, 1938, führte Brigittes Großmutter die Bäckerei weiter. Unterstützt wurde sie dabei von ihren beiden Töchtern, Brigittes Mutter und deren Schwester. Als der Mann der Schwester, der ein strammer Nazi gewesen war, nach dem Krieg keine Anstellung fand, stieg auch er in das Geschäft ein. Zu dritt führten sie die Bäckerei auch nach dem Tod der Großmutter im Jahr 1949 weiter.

Brigitte M. erinnert sich nur mit Schaudern an diesen Onkel, der alle im Haus tyrannisierte und schikanierte. Sein ganzes Sinnen und Trachten sei darauf ausgerichtet gewesen, die Mutter aus dem Geschäft zu drängen. Er sei so aggressiv und brutal gewesen, daß das kleine Mädchen panische Angst vor ihm hatte. Meinungsverschiedenheiten und Konflikte endeten meist in Gebrüll und manchmal in handgreiflichen Auseinandersetzungen. Streitereien seien eine alltägliche Selbstverständlichkeit gewesen. Brigitte M. meint sich sogar zu erinnern, daß der Onkel ihre Mutter umbringen wollte, indem er versuchte, sie in eine Tonne mit Mehl zu stoßen. 1951 verließ die Mutter die Bäckerei und fand eine Anstellung bei der HO Wismut. Aber sie blieb mit ihrer Tochter im Elternhaus wohnen. Später arbeitete sie im Imbiß des Kulturhauses, und wenn sie abends Schicht hatte, hielt sich Brigitte oft dort auf, um in ihrer Nähe zu bleiben und aus Furcht, zu Hause dem Onkel zu begegnen. Als die Mutter im Neustädter Hof, einem angesehenen Hotel und Restaurant, arbeitete, erhielt Brigitte regelmäßig eine Essensmarke für ein Mittagessen. Da saß sie dann allein in dem vornehmen Restaurant an einem der weißgedeckten Tische und wäre vor Verlegenheit am liebsten im Boden versunken.

Der Traum der Mutter, durch eine »gute Partie« aus Schwarzenberg wegzukommen und ihrem Leben eine neue Wendung zu geben, war im Laufe der Jahre zerstoben. Der Mann, den sie kurz vor Beginn des Krieges durch eine Kontaktanzeige kennengelernt und mit dem sie eine längere Beziehung hatte, wohnte in Leipzig, war geschieden, aber dachte nicht daran, sich wieder zu binden. Als Brigitte M. im Sommer 1940 geboren wurde, war der Kontakt zwischen ihnen bereits fast gänzlich abgebrochen. Das übrige tat der Krieg. Die Spuren des Mannes, der Brigittes Vater war, haben sich im Laufe der Kriegsjahre verloren. Wann immer Brigitte die Mutter später nach ihrem Vater fragte, bekam sie keine Antwort, und, so fügt sie hinzu, »wenn man als Kind keine erschöpfende Auskunft bekommt, hört man auf zu fragen«. So kommt es, daß Brigitte M. nichts über ihren Vater weiß.

Erinnerungen an Kriegserlebnisse hat Brigitte M. kaum. In der entlegenen Gegend kam es nicht zu Angriffen. Sie erinnert sich lediglich, daß abends die Fenster im ganzen Ort zugehängt werden mußten, um den feindlichen Fliegern nicht unfreiwillig Orientierungshilfe auf ihrem Weg nach Chemnitz zu leisten.

Ehen in der DDR

Als Brigitte M. 1946 eingeschult wurde, war sie ein unverhältnismäßig dickes Kind, das wegen seines Aussehens gehänselt wurde. Es war ja leicht für sie, sich aus Frust und Mangel an Zärtlichkeit mit Kuchen und Süßigkeiten vollzustopfen. Am liebsten aß sie »Amerikaner« aus der eigenen Bäckerei, eine Gebäcksorte, die auch in der SBZ unter diesem Namen verkauft wurde. »Fette Oma« wurde Brigitte in der Schule genannt, was nicht gerade zur Hebung des Selbstwertgefühls beitrug. Freundschaften hatte sie kaum. Sie war still, unsicher und in sich gekehrt. Mit der beginnenden Pubertät verweigerte sie sich in der Schule. Sie sah keinen Sinn mehr im Lernen. Aber die Mutter, die die Unzufriedenheit mit ihrem eigenen Leben durch um so ehrgeizigere Erwartungen an die Tochter kompensierte, hatte ihre eigenen Pläne. Brigitte mußte Klavier spielen lernen, später Stenographie und Schreibmaschine. Wenn sie auf dem Halbjahreszeugnis nur

Zweien und nicht eine einzige Eins mit nach Hause brachte, war die Mutter enttäuscht und schrie herum.

Nach dem Ende der Grundschulzeit setzte sich die Mutter mit allen zu Gebote stehenden Mitteln dafür ein, daß Brigitte eine Empfehlung für das Gymnasium erhielt. Als sie dann auf der Oberschule immer schlechter wurde, gab die Mutter sie in ein Pensionat, das so streng war, daß sie nach einem halben Jahr von dort floh und nach Hause zurückkehrte. Doch was sollte sie im heimatlichen Schwarzenberg tun? Heimlich, ohne der Mutter etwas davon zu sagen, stahl sie sich eines Morgens mit einem vollgepackten Koffer aus dem Haus und folgte einem Freund nach Hoyerswerda, in der Hoffnung, im Umfeld des Kombinats »Schwarze Pumpe« Arbeit zu finden. Sie fand eine Aushilfsstelle bei der Post. Nach vier Monaten hatte die Mutter erfahren, wo die Tochter steckte, und holte sie nach Hause zurück. Da Brigitte noch nicht volljährig war, blieb ihr keine andere Wahl, wenn das auch, wie sie heute sagt, objektiv ein Fehler war. Sie fand eine Lehrstelle als Weberin. Nach dem Abschluß der Lehre und einem weiteren Jahr, in dem sie in ihrem Beruf arbeitete, »hat es endlich geklickt«. 1961 ging sie an die Hochschule für Maschinenbau in Chemnitz und ließ sich zur Textilingenieurin ausbilden.

Gleich zu Beginn des Studiums lernte sie ihren ersten Mann kennen, den sie zwei Jahre später heiratete. 1964 wurde das erste Kind geboren, ein Jahr später das zweite. Nach dem Abschluß des Studiums zog die Familie nach Guben, wo Brigitte M. eine Stellung im Chemiefaserkombinat angeboten wurde, die sie trotz der beiden kleinen Kinder annahm. Auch als das dritte Kind geboren wurde, 1967, unterbrach sie die Arbeit im Betrieb nur für kurze Zeit. Wie es in der DDR üblich war, wurde der Sohn bereits mit acht Wochen in die Krippe gegeben. Ein Jahr später trennte sie sich von ihrem Mann, entschlossen, die Kinder von nun an allein aufzuziehen. »Mit dem Vater war es nicht nach meinen Vorstellungen«, sagt sie heute.

1975 ging sie zurück nach Sachsen in die Nähe von Chemnitz, wo sie eine neue Stellung fand. Ein Jahr später lernte sie ihren zweiten Mann kennen. Die 1978 geschlossene Ehe dauerte bis 1989, eine Zeit, in der es ihr wirtschaftlich gutging. Da beide Eheleute ein relativ hohes Einkommen hatten, konnten sie sich sogar größere Reisen ins osteuropäische Ausland leisten. Nach dem Tod der Mutter zog sie mit ihrem Mann und ihren drei Kindern noch einmal zurück ins Elternhaus nach Schwarzenberg. Sie kaufte ihrer Tante die eine Hälfte des Hauses ab und ließ es von Grund auf sanieren. Auch diese zweite Rückkehr in das Haus, in dem sie aufgewachsen war, hält Brigitte M. heute für einen entscheidenden Fehler in ihrem Leben. Einige Jahre später verkaufte sie das Haus, weil sie das Leben in der Enge einer Kleinstadt nicht mehr ertragen konnte.

Nach der Trennung von ihrem zweiten Ehemann entschloß sich Brigitte M., nach Berlin zu gehen, wo der Sohn inzwischen Pädagogik an der Humboldt-Universität studierte. Das war Anfang 1990, die Mauer war gefallen und Berlin in einer euphorischen Aufbruchstimmung. Sie fand sofort eine Anstellung als Textilingenieurin, die sie jedoch bald wieder verlor, als die in Baden-Württemberg ansässige Firma nach Stuttgart zurückging. Der Umzug nach Berlin und die Umstellung auf das Leben im Westen war der größte Einschnitt in ihrem Leben, sagt sie. Die Anfangszeit war mit viel Streß und Anpassungsschwierigkeiten verbunden. Es war nicht leicht, eine preiswerte Wohnung zu finden. Auch an den täglichen Konkurrenzkampf mußte sie sich erst gewöhnen, »in der DDR war es viel gemütlicher«. Heute lebt sie in einer Zweizimmer-Neubauwohnung im Berliner Stadtteil Zehlendorf.

Den Vater konnte ihr niemand ersetzen

Brigitte M. ist eine unternehmungslustige und tatkräftige Frau. Ihre Entscheidungen fällt sie eher spontan als nach reiflicher Überlegung. Trotz mancher Rückschläge in ihrem Leben und einigen Entscheidungen, die sie im nachhinein für falsch hält, ließ sie sich nicht unterkriegen. Ihre Devise: Immer nach vorn blicken. Heute hat sie trotz der zwei Ehen den Eindruck, sich mehr oder weniger allein durchgeboxt und die wesentlichen Dinge allein entschieden zu haben. Nach dem Ende ihrer zweiten Ehe zog sie einen Schlußstrich unter die »faulen Kompromisse« in ihrem Leben und nahm sich vor, genauer hinzuschauen und sich von den Menschen, mit denen sie zu tun hat, deutlicher abzugrenzen, ihre Eigenständigkeit zu wahren und sich nicht so schnell unterzuordnen und vereinnahmen zu lassen, vor allem in bezug auf ihre Beziehungen zu Männern. »Nur heiraten, um nicht allein zu sein, das kommt nicht mehr in Frage. Ich war eigentlich nie allein, ich hatte immer irgendwelche Freunde, und wenn's platonisch war.« Oft gingen die Beziehungen in die Brüche, weil es zu Spannungen zwischen dem Partner und ihren Kindern kam. Sobald es um die Kinder ging, kannte sie kein Pardon. »Wenn es dir nicht paßt, mußt du eben gehen.« Mit diesem Satz hat sie einmal eine dreijährige Beziehung aufs Spiel gesetzt, was sie später bedauerte: »Da ist er wirklich gegangen, ein netter Mann, er war höflich, fleißig, ordentlich. Schade.«

Seit einiger Zeit beschäftigt sich Brigitte M. in Gedanken viel mit ihrer Vergangenheit. Sie führt neuerdings ein Tagebuch. Therapieerfahrung hat sie, wie die meisten Frauen aus der ehemaligen DDR, so gut wie nicht. Eine Gesprächstherapie beendete sie nach wenigen Wochen, weil sie der Therapeutin nicht vertraute. »Ich hab gleich gemerkt, daß mir das nichts bringt. Wenn wir an einen bestimmten Punkt gekommen waren, konnte sie nicht weitergehen. Da habe ich die Therapie abgebrochen.«

Ruhig und in einem sachlichen Ton läßt sie in unserem Gespräch die verschiedenen Phasen ihres Lebens Revue passieren. Dabei geht sie hart mit sich ins Gericht. Ihr Tonfall ändert sich, als sie von dem Medizinstudenten erzählt, den sie zur selben Zeit kennengelernt hatte, als ihr erster Mann um sie warb. Ihr »großer Stern«, wie sie ihn nennt, war zum Studium nach Leningrad gegangen, und sie habe nicht die Geduld gehabt, auf ihn zu warten, lernte inzwischen ihren späteren Mann kennen, der »gut aussah und gut tanzen konnte«. Schon bald, nachdem sie »sich mit ihm eingelassen hatte«, habe sie »gemerkt, daß das nicht ging«, dennoch in kurzer Folge drei Kinder mit ihm bekommen. Auch bei ihrem zweiten Mann habe sie eigentlich früh gespürt, daß er nicht »der richtige« war, sich aber dennoch den äußeren Zwängen – der Wohnungssuche, der Verantwortung für die Kinder, dem Kampf im Berufsleben – gebeugt und eine Weile »durchgehalten«. »Allein in der DDR mit drei Kindern war ja auch kein Zuckerschlecken.« Beide Ehemänner hätten nicht zu ihr gepaßt, weil sie ihr geistig unterlegen waren. »Wenn Männer nicht auf meinem Niveau sind, verliere ich total den Respekt vor ihnen. Und dann hau ich sie in die Pfanne, dann haben sie bei mir keine Chance.«

Brigitte M. ist überzeugt davon, daß die Vaterlosigkeit ihr Leben nachhaltig geprägt hat. »Wenn man keinen Vater hat, hat man überhaupt keine Bezugsperson. Es war schlimm. Das hat mich mein ganzes Leben begleitet.« Bei Brigitte M. war es nicht nur die Abwesenheit des Vaters, sondern auch die Tyrannei des Onkels, die schwerwiegende Konsequenzen für ihr Leben hatte. Während der Vater der große Unbekannte blieb, war der Mann, der nolens volens zum Vaterersatz wurde, die gefürchtetste und gehaßteste Person in ihrer Umgebung, vor der nicht nur das kleine Mädchen, sondern die ganze Familie kuschte und zitterte. So habe sie es in ihrer Jugend nicht gelernt, Konflikte konstruktiv auszutragen, was ihr im späteren Leben viele Probleme eingebracht habe. Es gab einen anderen Verwandten, den sie verehrte und gern als Ersatzvater gehabt hätte. Es war ein Cousin der Mutter, der 1953 aus russischer Kriegsgefangenschaft zurückgekehrt war und als Pfarrer mit seiner Schwester in einer kleinen, benachbarten Gemeinde lebte. Ihn ins Vertrauen zu ziehen, hat sie sich nicht getraut. »Wie soll denn das gehen, das muß doch von ihm kommen.«

Die Beziehung zu ihrer Mutter wechselt zwischen Dankbarkeit und Abneigung. Das Verhältnis zwischen Mutter und Tochter war nicht herzlich. Sicher wollte die Mutter das Beste für ihre Tochter, gesteht Brigitte M. sich heute ein. Aber sie sei selbst so verhärmt, verbittert und traurig gewesen, daß sie weder in der Lage war, der Tochter eine optimistische Sicht auf die Welt und eine angemessene Portion Zuversicht zu vermitteln, noch mit ihr liebevoll und zärtlich umzugehen. Brigitte M. erinnert sich an keine Zärtlichkeiten oder Liebkosungen. Die Mutter schien sich verkapselt zu haben. Beide, Mutter und Tochter, lebten in erster Linie in der Angst vor dem cholerischen, unberechenbaren Onkel. Das einzige, worauf die Mutter bei ihrer Tochter großen Wert legte, waren die schulischen Leistungen und gute Zensuren. Das Wichtigste schien ihr, dafür zu sorgen, daß es der Tochter später einmal besser gehen möge als ihr.

Als Brigitte M. von einem Bekannten der Mutter erzählt, einem Hamburger Vertreter für Backzutaten, der bis zum Mauerbau einmal jährlich auf seiner Verkaufstour in der Bäckerei in Schwarzenberg vorbeikam und mit dem sich die Mutter ein bißchen angefreundet hatte, kommen ihr unvermittelt die Tränen. Der Mann besaß in Hamburg eine eigene Firma und versuchte, die Mutter zu bewegen, mit ihrer Tochter nach Hamburg überzusiedeln. Für eine kleine Wohnung und einen Arbeitsplatz versprach er zu sorgen. Aber die Mutter konnte sich nicht entschließen.»Gefangen in ihrer kleinen Welt«, war sie nicht in der Lage, einen solchen folgenschweren Schritt zu gehen:»Was wäre uns nicht alles erspart geblieben«, kommentiert die Tochter heute, »es war richtig schlimm, so schlimm, das kann ich Ihnen gar nicht sagen. Was wäre das für eine Chance gewesen. Unser beider Leben wäre ganz anders verlaufen.«

Während die Mutter durch ihre Angst von einem Umzug in den Westen abgehalten wurde, hat die Tochter mehrere solcher radikalen Neuanfänge gewagt, die sie zwangen, ihr Leben vollkommen umzukrempeln und sich neu zu orientieren. Ihr Optimismus, ihr Tatendrang und ihre Unternehmungslust halfen ihr dabei. Den Vater aber, den sie in vielen ihrer Männer vergeblich gesucht hat, konnte ihr niemand ersetzen.

Der heimgekehrte Vater –
ein Unbekannter

Im September 1944, als Hanna L., das jüngste von drei Kindern, in Altenburg in Thüringen zur Welt kam, war der Vater verschollen, und niemand wußte, ob er noch lebte und ob er jemals wiederkommen würde. Erst ein halbes Jahr später, zu Beginn des Jahres 1945, erfuhr die Mutter, daß ihr Mann, der Stadtkommandant von Bukarest gewesen war, bei der Eroberung der Stadt durch die Russen im August 1944 in sowjetische Kriegsgefangenschaft geraten war. Er wurde zunächst in ein Schweigelager nach Sibirien verschleppt, in dem eine vollkommene Nachrichtensperre herrschte, so daß die Familie über ein halbes Jahr nichts von ihm wußte. Erst vom Frühjahr 1945 an trafen Postkarten und kurze Briefnachrichten ein. Sie waren zensiert, Antworten durften nur auf den beigegebenen Antwortkarten geschickt werden.

Obwohl nun wieder eine lockere Verbindung bestand, war es keineswegs sicher, ob der Vater jemals zurückkehren würde. Aber die Mutter gab die Hoffnung nicht auf. Immer wieder wurde die Taufe der Tochter verschoben, bis Hanna schließlich mit fünf Jahren getauft wurde, obwohl der Vater auch zu diesem Zeitpunkt noch nicht zurückgekehrt war. Wenn es nach ihr, dem kleinen Mädchen, gegangen wäre, hätte er längst zu Hause sein sollen. Dann hätte man sie vielleicht in Ruhe gelassen, denn Hanna, die unter Eßstörungen litt, wurde ständig mit dem Satz

»Noch ein Löffelchen für den Vati in Rußland« zum Essen gezwungen. Was der Satz bedeutete, wußte sie nicht wirklich. Für sie war der Vater irgendwo am anderen Ende der Welt. Sie hatte große Angst um ihn, wiegte sich aber auch in einer diffusen Gewißheit, daß er eines Tages zurückkommen werde.

Obwohl Hannas Vater sieben Jahre nach dem Ende des Krieges tatsächlich aus der Gefangenschaft heimkehrte, liest sich ihre Geschichte nicht viel anders als die der übrigen vaterlosen Töchter. Auch ihrer Mutter fiel in den schwierigen Jahren nach Kriegsende die alleinige Verantwortung zu, wodurch sie zwangsläufig zum Oberhaupt der Familie wurde – eine Aufgabe, auf die sie als Tochter aus gutbürgerlichen, begüterten Verhältnissen in keiner Weise vorbereitet war.

Sie war sechs Jahre jünger als ihr Mann, den sie Anfang der dreißiger Jahre in Berlin kennengelernt hatte, nachdem dessen erste Ehe in die Brüche gegangen war. Sie heirateten 1934. Die ersten Jahre ihrer Ehe lebte das junge Paar in Berlin. Hier wurden ihre beiden Söhne geboren. Dann war die Mutter ihrem Mann, der mit Beginn des Krieges in Thüringen stationiert war, nach Altenburg gefolgt. Sie selbst war vaterlos aufgewachsen, ihr Vater war im Ersten Weltkrieg 1914 bei Verdun gefallen.

Hannas Vater wurde 1897 geboren. Er hatte als Berufsoffizier am Ersten Weltkrieg teilgenommen und war gegen Ende des Krieges in englische Kriegsgefangenschaft geraten, aus der er erst Anfang der zwanziger Jahre zurückkehrte. Da er keinen zivilen Beruf erlernt hatte, ging er zur Polizei und 1930 zur Wehrmacht. Er war überzeugter Nazi und brachte es als Oberst bis zum Stadtkommandanten von Bukarest. Sein Vorgesetzter war General Manstein, der Verbindungen zum Widerstand hatte.

Auch er habe sich, wie der Vater später leicht beschönigend gestand, mit dem Gedanken getragen, sich am Widerstand zu beteiligen, es aus Rücksicht auf seine Familie aber unterlassen. Vielleicht, meint die Tochter, habe er gegen Ende des Krieges der NS-Ideologie wirklich kritisch gegenübergestanden, was ihn aber bei der Besetzung Rumäniens durch die sowjetische Armee 1944 nicht vor der Gefangenschaft bewahrte. Das Hakenkreuz auf dem Ölgemälde, das den Vater als Offizier zeigte und auf dem er, wie Hanna als Kind fand, äußerst grimmig und streng aussah, war jedenfalls geflissentlich übermalt worden.

In Altenburg lebte die Mutter mit ihren Kindern, der Tochter und den beiden vier und acht Jahre älteren Söhnen, zunächst in einer repräsentativen Gründerzeitvilla im Zentrum. In den Augen der sowjetischen Besatzer gehörten sie jedoch zur Klasse der Bourgeoisie und wurden gezwungen, in eine kleinere Wohnung umzuziehen. Arbeiten, um das Geld für den täglichen Lebensunterhalt zu verdienen, mußte die Mutter, die häufig krank war und manchmal tagelang nicht ansprechbar, nicht. Sie, ihre drei Kinder und ein Kindermädchen lebten von den Mieteinnahmen ihrer Berliner Häuser. Von Zeit zu Zeit fuhr sie zur Abwicklung der Geschäfte dorthin. Dann kümmerte sich ein aus Hamburg stammendes Kindermädchen, das bis 1948 bei der Familie in Altenburg blieb, um die Kleinen. Sie wurde für Hanna zu einer wichtigen Bezugsperson der ersten Kinderjahre. Hanna L. erinnert sich nicht, von der Mutter viel geknuddelt worden zu sein. »Für Knuddeleien war allein das Kindermädchen zuständig.« Als diese die Familie verließ, um nach Hamburg zurückzugehen, löste das bei dem dreijährigen Mädchen eine solche Traurigkeit aus, daß sich die Mutter entschloß, Hanna für ein halbes Jahr zu ihr nach Hamburg zu schicken. Als sie von dort nach Altenburg zurückkehrte, soll sie ihre Mutter nicht wiedererkannt haben, eine Kränkung, die ihr später immer wieder zum Vorwurf gemacht wurde.

»Pappi ist da«

Im Kindergarten und in der Volksschule gab es viele Kinder, deren Väter gefallen waren oder vermißt wurden. Hanna trumpfte ihnen gegenüber gern damit auf, daß ihr Vater lebe und bestimmt eines Tages wieder nach Hause kommen würde. Vorerst aber teilte sie das Schicksal ihrer Freundinnen. Und ihre Mutter litt wie die übrigen Frauen der Gefallenen und Vermißten unter der Verantwortung für die drei heranwachsenden Kinder. Der ältere Bruder wurde, weil die Mutter mit ihm nicht fertig wurde, mit neun Jahren zu Verwandten und später in ein Internat geschickt. Er kam nur ab und zu an den Wochenenden nach Hause. 1953 zog die Mutter mit den beiden bei ihr lebenden Kindern nach Westberlin um. Der Hauptgrund dafür war, daß dem inzwischen zwölfjährigen Sohn der Besuch des Gymnasiums verwehrt wurde. Der Abschied von Altenburg fiel der Mutter und den Kindern schwer. Sie ließen viele Freunde in dem thüringischen Städtchen zurück und wußten nicht, ob sie je wieder zurückkehren würden.

In Berlin wohnten sie zunächst in eineinhalb Zimmern zur Untermiete. Das Geld war knapp, und die drei Neuberliner wurden von der Vermieterin, »einer alten Nazisse«, drangsaliert. Ein halbes Jahr später kehrte der Vater mit einem der ersten Gefangenentransporte aus Rußland zurück. Plötzlich stand er vor der

Tür, ohne eine Vorankündigung. Hanna L. erinnert sich genau: Es klingelte an der Haustür. Sie wollte gerade zu einem Fackelumzug gehen – zu Ehren von Ernst Reuter, der gestorben war –, als der Bruder sagte: »Pappi ist da«, worauf Hanna antwortete: »Du spinnst wohl.« Aber da stand er. »Er kam und war da, siegte zwar nicht, aber ... Er war ein gebrochener Mann«, völlig abgemagert. Später lag er auf dem Bett und drückte sie tränenüberströmt an sich, was ihr äußerst unangenehm war. Sie war neun Jahre alt und hatte den Mann, der ihr Vater sein sollte, noch nie gesehen. Er war für sie ein Unbekannter.

Der Vater war schon zum Tode verurteilt gewesen, aber in letzter Minute begnadigt worden. Bei seiner Gefangennahme hatte er kurz vor der Beförderung zum General gestanden. Die Geschichte, wie er sich kurz vor der Hinrichtung die letzte Zigarette angesteckt habe und dann doch unerwartet begnadigt worden sei, erzählte der Vater in den folgenden Jahren so oft, daß die Kinder sie schließlich nicht mehr hören konnten. Für ihn aber, der insgesamt 14 Jahre Krieg und Gefangenschaft hinter sich hatte, war sie ein Teil seines Lebens, seiner Identität und so dominierend in ihrer traumatisierenden Wirkung, daß er sie nicht oft genug erzählen konnte, auch um sich zu entlasten.

Als Hanna L. ihren Vater beschreiben soll, fällt ihr zuerst ein, wie autoritär, launisch und jähzornig er war. Mit seinen Kindern freundlich umzugehen, auf sie einzugehen, war ihm unmöglich. Er versuchte gar nicht, sie in ihren Eigenheiten kennenzulernen und zu ihnen eine Beziehung aufzubauen. Vielmehr gebärdete er sich wie ein Despot und erwartete von ihnen Wohlerzogenheit, Ergebenheit und totale Unterwerfung. In seiner Überempfindlichkeit, so erinnert sich Hanna L., hatte er etwas Mitleiderregendes. Wenn ihm eines der Kinder widersprach oder opponierte, war der Teufel los. Er schlug und brüllte, als stünde er noch immer auf dem Kasernenhof. Es war deutlich spürbar, wie fremd ihm, dem Berufsoffizier, der sich in der Welt des Militärs zu Hause fühlte, das alltägliche Zusammenleben im Familienverbund und das zivile Leben überhaupt waren. Er liebte seinen Beruf, war ein »hundertprozentiger Militärkopp« und hätte gern in der Bundeswehr einen Posten erhalten. Dafür aber war er zu alt. Notgedrungen wagte er einen Neuanfang. Er wurde Makler und Immobilienhändler und verwaltete auch die Häuser der Mutter.

In der Familie blieb er ein Außenstehender, ein Fremder. Die anfängliche Freude über seine Rückkehr konnte nicht darüber hinwegtäuschen, daß der Vater aufgrund seiner Erlebnisse und der langen Trennung von der Familie ein anderer geworden war. Die Eltern hatten sich kaum noch etwas zu sagen. Der Mutter, die in den neun Jahren eine gewisse Selbständigkeit erlangt und gelernt hatte, allein mit den Kindern fertig zu werden, fiel es schwer, sich nun wieder unterzuordnen und in die alte Rolle der abhängigen Frau zurückzukehren, wie es sich der Vater vorstellte. Auch sie war eine andere geworden. Sein Bild von einer intakten Familie und der traditionellen, aus dem 19. Jahrhundert stammenden Rollenteilung paßte nicht mehr in die wirtschaftlich und gesellschaftlich veränderte Welt, in der die Frauen zwangsläufig Verantwortung zu übernehmen hatten.

Der Vater ignorierte diese Veränderungen. Wenn etwas nicht nach seinem Wunsch verlief oder seine Erwartungen enttäuscht wurden, reagierte er ausfallend und aggressiv. Oder er setzte auf seine Rolle als Märtyrer, dem aufgrund der jahrelangen Entbehrungen während der Kriegsgefangenschaft und der Tatsache, daß er mit knapper Not dem Tod entkommen war, eine besondere Behandlung und Rücksichtnahme zustünden. Seine Aggressionen ließ er vor allem an den Söhnen ab, aber auch die Tochter war vor seinen Schlägen nicht sicher. Hanna L. erinnert sich, daß es mehr als einmal beim Vokabelabhören – so hieß jenes familiäre Exerzitium, dem sich gewissenhafte Eltern mehr schlecht als recht unterzogen und das oft in Wutanfällen und gegenseitigen Vorwürfen endete – zu handgreiflichen Auseinandersetzungen zwischen Vater und Tochter kam und die Mutter vergeblich versuchte zu schlichten.

Lange bevor die Mutter über eine eventuelle Scheidung nachdachte, hatte sie das gemeinsame Schlafzimmer verlassen. Sie schlief auf der Couch im Wohnzimmer, die sie jeden Abend herrichten und morgens wieder zusammenräumen mußte, eine Schlafstelle, die man gemeinhin nur Logiergästen für ein paar Tage zumutet, sofern kein Gästezimmer vorhanden ist. Hanna meint heute, daß die Unausgeglichenheit des Vaters wohl auch daher rührte, daß sich die Mutter ihm schon bald nach seiner Rückkehr sexuell verweigerte. Ob er möglicherweise außereheliche sexuelle Beziehungen hatte, weiß sie nicht. Des Vaters engste Vertraute war seine Schwester, die ihm in Auseinandersetzungen immer zur Seite stand und die er geschickt gegen seine Frau auszuspielen verstand.

Finanziell ging es der Familie allmählich besser, denn als ehemaliger Oberst erhielt der Vater eine gute Pension. Die Familie konnte sich eine größere Wohnung in Westend leisten, und Hanna besuchte das Erich-Hoepner-Gymnasium, das schon damals eine Schule mit musischem Schwerpunkt und einigem Renommee war. Es gab wieder Kontakte zu Freunden und Verwandten. Auch zu seinem »Burschen«, der ihm jahrelang treu gedient hatte, nahm der Vater Kontakt auf. Sie schrieben sich regelmäßig. Bei den nun gelegentlich stattfindenden Festen war der Vater ein charmanter Gastgeber und ein brillanter Erzähler, dem die Gäste gern zuhörten, wenn er seine Kriegserlebnisse zum besten gab, besonders jene Geschichte, wie er mit knapper Not dem Tode entronnen sei, die die Kinder nicht mehr hören konnten.

Zwischen Mitleid und Haß

Die Unberechenbarkeit des Vaters schweißte Mutter und Tochter immer enger zusammen. Je schwieriger das Zusammenleben mit ihrem Mann wurde, um so mehr suchte die Mutter Trost bei der Tochter, die zur Freundin, Beraterin und Seelentrösterin wurde. Über viele Jahre war sie die einzige Ansprechpartnerin für die Mutter, der es immer wieder gelang, an die Solidarität und das Mitgefühl der Tochter zu appellieren.

Hingegen konnte sich Hanna im Konflikt mit dem Vater nicht auf die Unterstützung der Mutter verlassen und fühlte sich häufig im Stich gelassen. Einmal kam es zum Streit, weil sich Hanna der Forderung des Vaters widersetzte, ihn auf den Mund zu küssen. Sie war inzwischen zwölf Jahre alt und angewidert von der Körperlichkeit des Vaters und der Art, wie er sie in solchen Momenten »Püppchen« nannte. »Um des lieben Friedens willen« bat die Mutter, dem Vater den Gefallen zu tun, was Hanna als Verrat der Mutter empfand.

Je enger das Verhältnis zwischen Mutter und Tochter wurde,

um so mehr fühlte sich der Vater ausgegrenzt und reagierte immer wütender. Hanna L. erinnert sich, daß sie in späteren Jahren eine »furchtbare Angst« vor ihm hatte und ihn schließlich dermaßen haßte, daß sie ihn einmal fast umbringen wollte. Es war wieder zum Krach beim Abhören der Lateinvokabeln gekommen, und der Vater hatte ihr das Heft vor die Füße geworfen und sie mit den Schuhen getreten. Am nächsten Tag, einem Sonntag, sollte sie den Kuchen auftragen. In der Mitte des Tisches lag das Messer, mit dem der Kuchen geschnitten werden sollte. Es übte plötzlich eine solche Suggestion auf das junge Mädchen aus und schien sie aufzufordern, es in diesem Moment in die Hand zu nehmen und den Vater zu erstechen, daß sie vor Entsetzen über die eigenen Gedanken den Kuchenteller fallen ließ. Das dadurch ausgelöste Chaos im sonntäglichen Wohnzimmer wurde mit erneuten Wutanfällen des Vaters beantwortet.

Auch wenn Hanna, die neben dem Schlafzimmer des Vaters schlief, nachts durch die von seinen Alpträumen ausgelösten Schreie geweckt wurde, war sie hin- und hergerissen zwischen Mitleid, Haß und Mordgedanken. Die negativen Gefühle dem Vater gegenüber und die enge Verbundenheit mit der Mutter bildeten einen Circulus vitiosus von Abhängigkeit und Schuldgefühlen. Hanna, bisher ein lebenslustiges, fröhliches, leistungsorientiertes Kind, wurde nun nicht nur in der Schule schlechter, sondern auch ängstlicher im Umgang mit anderen Menschen.

Hatte über Hannas Kindheit der Schatten der Ungewißheit gelegen, was das Schicksal des Vaters anging, so hat sie sich später oft gefragt, ob es nicht für alle Beteiligten besser gewesen wäre, wenn der Vater nicht zurückgekehrt wäre. Solche Gedanken, sagt sie, hätten oft unausgesprochen im Raum gestanden.

Die Mutter, die immer mehr verhärtete, fühlte sich überfordert und war häufig krank. Sie litt an Gallenkoliken und mußte sich in den fünfziger Jahren mehreren Operationen unterziehen. Von ihren Kindern erwartete sie, daß sie fleißig und ordentlich waren, gute Leistungen in der Schule erbrachten und ihr keine zusätzlichen Probleme bereiteten.

Schwierige Ablösung

In der Pubertät zog sich Hanna L. völlig in sich selbst zurück, las viel, vor allem Gedichte und die Bücher, die ihr der Bruder empfahl und die sie teilweise noch gar nicht verstand, Sartre, Freud, Camus, Dostojewski. Und sie schrieb selbst Gedichte. Sie floh gewissermaßen in die Literatur. Ihr Bruder war ihr »einziger Verbündeter«. Daß er nach dem Abitur zum Studium aus Berlin wegging, empfand sie als Katastrophe. Vergeblich flehte sie ihn an, sie nach Göttingen mitzunehmen, weil sie nicht mit den Eltern allein bleiben wollte. Die Zeit, die nun folgte, war die unglücklichste in Hannas Leben. Mehrere Male nahm sie sich vor, von zu Hause abzuhauen und sich bei einer Freundin zu verstecken. Sie schrieb mehrere Abschiedsbriefe, die sie aber immer wieder zerriß. Einmal, als sie nicht nach Hause gekommen war, wurde sie auf Veranlassung der Eltern von der Polizei gesucht. Obwohl die Situation im Elternhaus mehr als prekär war, lebte sie bis zu ihrem 23. Lebensjahr zu Hause. Erst die Ehe mit einem gleichaltrigen Kommilitonen ermöglichte es ihr, sich aus der bedrückenden Situation zu befreien und einen eigenen Hausstand zu gründen.

Die politischen Aktivitäten der Studentenbewegung, in die

Hanna als Studentin der Germanistik und Psychologie an der FU Berlin involviert war, trugen vorübergehend noch zur Vertiefung des Grabens zwischen Tochter und Vater bei. Die damals in Studentenkreisen übliche Bezeichnung »Bullen« für Polizisten brachten ihn, der selbst einige Jahre Polizist gewesen war, in Rage. Erst in den letzten Jahren vor seinem Tod fand Hanna L. einen Weg zu einem verständnisvolleren Umgang miteinander. 1984 führte sie lange Gespräche mit ihm, die sie auf Tonband aufnahm und sich noch heute gelegentlich anhört. Sie stellte ihrem Vater präzise Fragen zu seiner Kindheit und zu seinem Leben als junger Mann, die er bereitwillig beantwortete. Es erstaunte sie, was für ein gewandter Erzähler er noch immer war.

Das Alter und der nahende Tod hatten den Vater außerdem milder gemacht, Jähzorn und Aggressivität waren einer Weichheit gewichen, die ihn nun zu sentimentalen Überreaktionen neigen ließ und seine innere Verletzbarkeit und Unausgeglichenheit noch augenscheinlicher machte. Er starb im Alter von 86 Jahren, zwei Tage nach einer Prostataoperation, an Herzschwäche. Zu ihrem Bruder hatte er in einem der letzten Gespräche gesagt, er habe vieles falsch gemacht, ein Eingeständnis, das sich, wie Hanna L. meint, auch auf seine Beziehung zu ihr bezog, obwohl er es ihr nicht persönlich sagen konnte. Ein warmherziges Verhältnis habe sich jedoch bis zum Schluß nicht entwickelt. Dafür war ihm die künstlerische, literarische Welt, in der sie inzwischen zu Hause war, viel zu fern. »Seine liebste Tochter war nicht ich, sondern die erste Frau seines ältesten Sohnes«, die ihm bei seiner Arbeit als Makler zur Hand ging.

Zur Mutter, die eine bis ins hohe Alter lebenstüchtige und

reiselustige Frau war und den Vater um viele Jahre überlebte, hatte Hanna L. auch weiterhin ein ambivalentes Verhältnis. Obwohl sie sie liebte, lehnte sie sich innerlich gegen die vereinnahmende Übermacht der Mutter auf. Aber sie sorgte dafür, daß die Mutter bis zu ihrem Tod in der eigenen Wohnung leben konnte, indem sie eine Hilfskraft engagierte, die rund um die Uhr für sie sorgte. Sie wurde 95 Jahre alt. Ihr Tod hat Hanna L. noch einmal sehr erschüttert und ihr die symbiotische Komponente ihrer engen Bindung bewußt gemacht. Einmal, einige Wochen vor ihrem Tod, sagte die Mutter zur Tochter:»Du mußt mich loslassen, du mußt weiterleben«, und bat sie, ihr etwas zu besorgen, um ihrem Leben ein Ende setzen zu können. Ein anderes Mal, als die Tochter an Depressionen litt, fragte die Mutter:»Wollen wir nicht zusammen gehen?«

Bei der Beerdigungsfeier der Mutter, die Hanna L. allein ausgerichtet und für die sie sich viele besondere Details überlegt hatte, ließ sie einige der Lieblingsgedichte der Mutter rezitieren und den Fünfziger-Jahre-Schlager *Püppchen, du bist mein Augenstern* einspielen, als Erinnerung an ihre Kinderjahre, in denen dieses Lied in Mode war. Die Mutter sang es manchmal, wenn das kleine Mädchen ihr bewundernd zuschaute, wie sie sich im Schlafzimmer zurechtmachte, und Hanna war sich sicher, daß nur sie gemeint sein konnte.

Die Sehnsucht nach einer harmonischen Beziehung

So wie Hanna L. es als Kind und Jugendliche kennengelernt hatte, waren auch in ihren ersten Liebesbeziehungen Liebe und Zuwendung eng an Abhängigkeit und Unterordnung gekoppelt, was gelegentlich bis zur Selbstaufgabe gehen konnte. Die hohen Erwartungen, die sie in jungen Jahren an Männer hatte, führt Hanna L. darauf zurück, daß sie eigentlich keinen Vater gehabt habe, jedenfalls keinen, der verständnisvoll und liebevoll auf sie eingegangen sei. Männer gewannen schnell Macht über sie. Ihre eigenen Interessen ruhig und zielgerichtet zu vertreten und, wenn es sein mußte, auch einmal zu rebellieren, waren Fähigkeiten, die ihr abhanden gekommen waren und die sie erst wieder lernen mußte. Es waren nicht zuletzt die politischen Aktivitäten der Studentenrevolte der sechziger und siebziger Jahre, die sie wieder in die Lage versetzten, ihre eigenen Interessen zielstrebig und kämpferisch zu vertreten.

Auf Männer, die sich offen autoritär verhalten, habe sie immer mit Abwehr reagiert. Auch der Mann, den sie mit Dreiundzwanzig geheiratet hatte, ein politisch engagierter Achtundsechziger, der wie sie aus einer gutbürgerlichen Familie stammte, war, wie sich mit der Zeit herausstellte, nicht frei von dogmatischem Verhalten, auch wenn er sich am Anfang ihrer Beziehung sanft und zärtlich gab. Schon bald flogen in der jungen Ehe die Fetzen, nicht nur im Zusammenhang mit politischen Grundsatzfragen, die damals in der linken Szene eine große Bedeutung hatten: Bist du trotzkistisch oder stalinistisch orientiert, und steht das kleine k der Organisation, der du angehörst, an erster oder zweiter Stelle? Aber sie verließ ihn nicht wegen ideologischer Differenzen, sondern wegen eines anderen, eines, wie sie sagt, weicheren, sanfteren Mannes.

Hanna L. war einige Jahre Hochschulassistentin, bevor sie am Theater als Dramaturgin arbeitete. Vorübergehend leitete sie eine von ihr gegründete Theatergruppe in Berlin, wo sie seitdem als freie Schriftstellerin lebt. Hanna L. fühlte sich früh zu Frauen hingezogen und hatte seit ihrem 35. Lebensjahr Beziehungen zu Frauen und zu Männern. Heute lebt sie in einer harmonischen Beziehung mit einer Frau im gemeinsamen Haushalt, zu dem noch eine wunderschöne hellbeige Birmakatze gehört.

Nachwort

Die durch den abwesenden Vater entstandene große, teilweise bedrohliche Leerstelle wurde von allen meinen Gesprächspartnerinnen als eine Belastung empfunden, die bis in das Erwachsenenleben hineinreichte. Eine spricht von der andauernden »Anwesenheit der Abwesenheit des Vaters«, eine andere davon, daß der abwesende Vater einen viel größeren Platz eingenommen habe, als es ein anwesender je hätte tun können. In allen Porträts erfährt das Vaterbild eine Überhöhung, die mit dem realen, unbekannt gebliebenen Vater wenig zu tun haben dürfte. In der Vorstellung des Mädchens bedeutet er Geborgenheit, Schutz und materielle Sicherheit. Das kleine Mädchen möchte stolz sein auf den Vater, sich mit ihm schmükken und hofft schon deshalb auf seine Heimkehr, solange der Vater als vermißt gilt. Sein Foto, das ihn meist in Uniform zeigte, war an exponierter Stelle in der Wohnung plaziert und gehörte zur Wohnungseinrichtung wie die Blumenvase auf der Anrichte oder der Spiegel über der Frisierkommode. Und dort, wo die Töchter den Verlust in der Kindheit als weniger quälend empfunden haben, wurde er später für sie um so bedeutsamer.

Zur Überhöhung und Heroisierung der Väter haben die Mütter wesentlich beigetragen. In vielen Familien wurde die Trauer um den gefallenen Mann und Vater durch einen unverhohlenen Stolz auf seinen Heldentod kompensiert, selbst wenn keine Affinität zum Nationalsozialismus vorhanden war. Die Idolisierung hat den Müttern geholfen, über die Trauer hinwegzukommen, den Verlust des gefallenen Mannes zu verarbeiten und weiterleben zu können. »Für Führer, Volk und Vaterland gefallen auf dem Felde der Ehre ... In stolzer Trauer« war die gängige Formulierung in den Todesanzeigen. Die innige Verbundenheit der Frauen mit ihren gefallenen Ehemännern blieb über Jahre und Jahrzehnte erhalten. Mit dieser Erinnerung zu leben, statt mit dem leibhaftigen Vater, wurde so auch für die Töchter im Laufe der Jahre zu einer Normalität.

Offene Trauer untersagten sich die Mütter, weil sie fürchteten, sie könnte die Mädchen in einer positiven Lebenseinstellung beeinträchtigen. Aber auch die guten Erinnerungen an die Zeit mit dem Vater wurden den Töchtern weitgehend vorenthalten, entsprechend der in den 1950er Jahren vorherrschenden Sprachlosigkeit über alles, was die NS-Zeit und die Kriegsjahre betraf – Erinnerungen, die sich meistens nur auf einen relativ kurzen Zeitraum bezogen, der den jungen Eltern zwischen Heirat und Kriegsbeginn geblieben war, manchmal nur auf ein paar Fronturlaube, die der Vater während des Krieges zu Hause verbrachte.

Die Nachkriegsmütter, die zu einer für sie bis dahin nicht einmal in ihrer Vorstellung existierenden Selbständigkeit gezwungen wurden, waren weitgehend überfordert. Da sie Mutter *und* Vater zu sein hatten, oblag es ihnen, die Balance zu halten zwischen den Eigenschaften, die Müttern herkömmlicherweise zugeschrieben werden, wie Fürsorglichkeit, Empathie und Zärtlichkeit, und denen, die sie an Vaters statt zu übernehmen hatten. Als Kontroll- und Ordnungsinstanz, als gewährende oder strafende Autorität hatten sie Stärke und Durchsetzungskraft zu demonstrieren. Sie waren es auch, die für das materielle Wohl der Familie zu sorgen hatten und oft als einzige Verdienerin die Ernährerin der Familie waren, einer Familie, die aus einem oder mehreren Kindern und häufig auch aus den Großeltern bestand. Es waren die Mütter, die dafür zu sorgen hatten, daß die Wohnung halbwegs warm war und der Haushalt funktionierte, daß die Kinder ihr Schulbrot hatten und täglich eine warme Mahlzeit auf den Tisch kam. Daß sie diesen vielen an sie gestellten, gegensätzlichen Anforderungen nicht immer gerecht werden konnten, liegt auf der Hand.

Die Mütter waren überfordert und aus dieser Überforderung heraus geschwächt. Dem *common sense* der patriarchalisch strukturierten Gesellschaft der 1950er Jahre entsprechend, fühlten sie sich als alleinerziehende Mütter ohne Ehemann gesellschaftlich ausgegrenzt. Ihre Angst, Fehler in der Erziehung zu machen, war groß. So wurde der Vater zu einer unsichtbaren, wertenden Instanz, vor der die Mütter meinten, sich rechtfertigen zu müssen. In Sätzen wie »Wenn das dein Vater wüßte« wird die Erinnerung an ihn zur Erziehung mit herangezogen. Das Verantwortungsgefühl, das sie dem Vater ihrer Kinder gegenüber glaubten haben zu müssen, führte oft zu übertriebener Vorsicht und Ängstlichkeit, vor allem wenn die Töchter in die Pubertät kamen. Obwohl diese Mütter Erstaunliches leisteten, waren sie im Innersten verunsichert. Von den Töchtern werden sie als tapfer, mutig, pragmatisch, selbständig und zäh dargestellt, Eigenschaften, die man haben mußte, um diese schwierigen Jahre zu überstehen, und für die sie noch nach Jahrzehnten von ihren Töchtern bewundert werden. Gleichzeitig wurde von allen eine aus dem beschwerlichen und entbehrungsreichen Alltag resultierende Lieblosigkeit beklagt.

Den Töchtern werden von ihren Müttern unterschiedliche Rollen zugeschrieben. Sie hatten Partnerersatz, Freundin, Vertraute oder Kumpel einer Mutter zu sein, deren Autorität gleichzeitig als unangefochten zu gelten hatte. Als solche konnte sie ihre Forderungen durchsetzen, wenn es sein mußte, mit Gewalt oder kraft Liebesentzugs, als vermeintliche Freundin appellierte sie an das Verantwortungs- und Schuldgefühl ihrer Tochter. Die daraus entstandene doppelte Abhängigkeit wurde von vielen Töchtern als ein Circulus vitiosus empfunden, das Verhalten der Mutter als vereinnahmend und unterdrückend beschrieben. Auch von einer symbiotischen Beziehung ist die Rede. Den Töchtern gelang es oft erst in späteren Jahren, zum Teil im Laufe einer Therapie, sich von der übermächtigen Mutter zu lösen und von den in der Kindheit entstandenen Schuldgefühlen zu befreien.

Die Belastung für die Mädchen, ohne Vater und mit einer unter dem Druck ihrer Verpflichtungen leidenden Mutter aufzuwachsen, war groß, ob mit Geschwistern oder ohne. Wenn ein Bruder da war, fiel ihm die Rolle des männlichen Beschützers zu. Das Organisieren von Eßbarem und Brennbarem bestimmte zu einem großen Teil auch den Kinderalltag. Deshalb wurden Mädchen wie Jungen gleichermaßen zum Hamstern animiert.

Bis auf wenige Ausnahmen lebten die Familien in beengten Wohnverhältnissen und in einer für die Zeit symptomatischen Armut. Da war man froh, wenigstens ein ordentliches Schlafzimmer zu haben, in dessen Ehebett meist die Mutter mit der Tochter schlief, manchmal bis in die Pubertät hinein.

»Schlüsselkinder« waren in den 1950er Jahren viele Kinder, sowohl im westlichen wie im östlichen Teil Deutschlands. Mit dem Unterschied, daß die vaterlosen Töchter meist auch dann nichts von ihrer Mutter hatten, wenn diese spätabends nach Hause kam. Oft war es die Großmutter, die die Mädchen eine Zeitlang vor dem Dasein als »Schlüsselkinder« bewahrte. Sie war zuständig für den Haushalt und das alltägliche Leben. Und sie war es oft auch, die den Enkelinnen ein wenig jenes Gefühl der Geborgenheit, Wärme und Zuwendung gab, die ein Kind braucht, um sich in der Welt zurechtzufinden. Aber letztendlich konnte auch eine noch so nette Oma die abwesende Mutter nicht ersetzen, geschweige denn die schwelenden Auseinandersetzungen zwischen Mutter und Tochter aus dem Weg räumen, die oft in der Kindheit ihre Wurzeln hatten. Manche der Töchter suchten sich in der Pubertät oder im späteren Leben andere, entfernter stehende Frauen, manchmal aus dem Freundeskreis der Mutter, oder sogar die Schwiegermutter, an denen sie sich orientieren konnten.

Der Großvater spielte meistens nur eine marginale Rolle. Im besten Falle nahm er seine Enkelin zum Hamstern im Leiterwagen mit oder erzählte ihr Geschichten aus alter Zeit. Oft fühlte er sich als einziger Mann im Haushalt als Hahn im Korbe, pflegte seine kauzigen Machoallüren und ließ sich bedienen. Als Ersatzvater taugte er selten. Es war eher ein Onkel, ein ehemaliger Freund des Vaters oder ein Freund der Mutter, der von den vaterlosen Töchtern als Ersatzvater auserkoren wurde. Der Umgang mit dem Freund der Mutter, dem sogenannten »Onkel«, der mit der Tochter gut auszukommen versuchte, gestaltete sich dagegen meistens schwierig, zumal diese Männer manchmal nicht davor zurückscheuten, den heranwachsenden jungen Mädchen zweideutige Anträge zu machen.

Den Freiraum, der durch die Berufstätigkeit und häufige Abwesenheit der Mutter entstand, haben die Töchter aber auch genossen. Die Erinnerung an die Freiheit und Regellosigkeit eines vor allem auf dem Dorf idyllischen Wildwuchs-Kinderlebens bringt einige Frauen noch heute ins Schwärmen. Mit Begeisterung beschreiben sie, wie sie als Kind durch die freie Natur streiften, wie sie unbeaufsichtigt und ungegängelt von Erwachsenen mit anderen Kindern an Seen und am Rand der Wälder gespielt oder mit dem Fahrrad lange Touren allein zurückgelegt haben: ein Sich-selbst-Überlassen-Sein, das Selbständigkeit und Risikofreude in frühen Jahren gefördert hat. Von Angst ist selten die Rede, auch nicht, wenn sie in städtischer Umgebung aufwuchsen und an Orten spielten – in Ruinen, auf Trümmerbergen oder verwaisten Bahnstrecken –, die durchaus gefährlich waren. Besonders auf dem Land, teilweise auch in der Stadt, wiegte man sich in der Nachkriegszeit in einer bedenkenlosen Gefahrlosigkeit, die wohl daher rührte, daß nach sechs Jahren Krieg endlich wieder Frieden herrschte. Was konnte da noch passieren!

Das mangelnde Selbstvertrauen und die Unsicherheit, die abzubauen vaterlosen Töchtern im Laufe ihres Lebens gelang, führen die von mir interviewten Frauen sowohl auf die durch den abwesenden Vater latent empfundene Schutzlosigkeit als auch auf die enge, zum Teil symbiotische Bindung an die Mutter zurück. In einigen Fällen hat es Jahre gedauert, sich von dem unbewußten Verantwortungs- und Schuldgefühl gegenüber der Mutter zu befreien. Nicht selten verwandelte sich der Druck, dem die Töchter in ihrer Kindheit und Jugend ausgesetzt waren, in einen solchen Leidensdruck im Erwachsenenalter, daß eine Therapie unumgänglich wurde. So ist die Achtung, die Liebe und der Dank der Töchter gegenüber ihren Müttern unterschiedlich groß. Er ist um so größer, je früher es ihnen gelang, sich aus der Umklammerung der Mutter zu lösen.

Besonders auffallend ist der Einfluß, den die Mütter auf die Berufswahl der Töchter genommen haben, auch ein Zeichen der Abhängigkeit der Töchter. Zum Teil um die Mutter nicht zu enttäuschen, aber auch aus eigener Unsicherheit heraus fügten sich die Töchter meist den Vorstellungen der Mutter, auch wenn ihnen ein ganz anderes Berufsziel vorschwebte, an das sie sich in einem zweiten Anlauf heranwagten, nachdem sie mehr Selbstvertrauen gewonnen hatten. Wenn es darum ging, den eigenen, sich oft erst spät abzeichnenden Lebensentwurf zu verwirklichen und im Beruf eine Erfüllung zu finden, diente wiederum die Mutter als Vorbild.

Das Verhältnis zur Mutter ist dementsprechend bis ins hohe Alter ambivalent. Auf der einen Seite wird sie als dominant, beherrschend und vereinnahmend kritisiert, andererseits oft lebenslang von den Töchtern als Vorbild gepriesen. Wie es sich in dem Statement niederschlägt: »Das habe ich von meiner Mutter, sonst hätte ich das alles gar nicht durchgestanden.« Die meisten Frauen, mit denen ich gesprochen habe, waren darauf bedacht, trotz harscher Kritik, die sie an ihren Müttern geäußert hatten, kein Negativbild der Mutter entstehen zu lassen.

Inwieweit die an die alleinerziehenden Nachkriegsmütter gestellten Anforderungen indirekt auf die Frauenbewegung in den 1960er und 1970er Jahren eingewirkt haben könnten, sei nur am Rande erwähnt. Propagierte doch die Frauenbewegung ebenjenes Bild der aktiven, selbständigen und eigenverantwortlichen Frau, wie es die Töchter an ihren Müttern erlebt hatten. Viele der in der Frauenbewegung agierenden jungen Frauen kamen aus solchen durch den Krieg vaterlos gewordenen Familien. Von den in das Buch aufgenommenen Gesprächspartnerinnen ist dieser Zusammenhang nicht besonders thematisiert worden.

Im Kontakt zu Männern zeichnet sich bei den meisten Gesprächspartnerinnen eine große Unentschiedenheit und Unsicherheit ab. Die Unfähigkeit, eine befriedigende Beziehung aufzubauen, wird von ihnen auf die Unkenntnis und mangelnde Einsicht in die männliche Psyche zurückgeführt, die das Mädchen normalerweise unbewußt und in ersten groben Zügen im liebevollen, wenn auch nicht reibungslosen Umgang mit seinem Vater kennenlernt, dem ersten Mann im Leben jeder Frau. Nicht nur die Töchter, die in einem reinen Frauenhaushalt, beispielsweise in der »Dreimäderlhaus«-Konstellation Großmutter, Mutter, Tochter, aufgewachsen sind, räumten ihre Angst vor starken, dominierenden, autoritären Männern ein. Auch alle anderen zogen ihr Leben lang weiche, sensible Männer vor. Ihre Ehe versuchten sie, auf einer partnerschaftlichen, gleichberechtigten Basis zu führen. Wo das nicht klappte, trennten sie sich. In einem Fall, in dem der Vater zurückgekehrt war und um seine dominierende Rolle kämpfte, oder in einem anderen, wo ein Onkel zum Tyrannen der Familie wurde, verband sich für die Tochter Liebe mit Unterordnung, die bis zur Selbstaufgabe gehen konnte.

Bis auf zwei leben die hier vorgestellten Frauen heute allein. Sechs von ihnen sind geschieden, eine bereits verwitwet, vier waren nie verheiratet. Ihnen bedeutete die Vorstellung von Freiheit und Ungebundenheit mehr als die Auseinandersetzung mit einem Mann, der sie sich möglicherweise nicht gewachsen fühlten, zumal dieser nie an das idolisierte Bild des Vaters herangereicht hätte. Acht von ihnen haben Kinder, darunter nur zwei Einzelkinder, zu denen sie heute gute, liebevoll-freundschaftliche Beziehungen haben. Selbstkritisch reflektierend, zum Teil auch therapieerfahren, versuchten alle Frauen, mit denen ich gesprochen habe, als Mütter ihren Kindern die Defizite zu ersparen, unter denen sie gelitten haben, und gaben sich mit der Erziehung ihrer Kinder bewußt viel Mühe.

Das schwierige Verhältnis von Freiheit und Anpassung, das in der Beziehung von Mann und Frau seine stärkste Herausforderung erfährt, zieht sich wie ein roter Faden durch das Leben der vaterlosen Töchter. Der Freiheit, die sie als Kind in der frühen Nachkriegszeit erfuhren, steht das zum Teil schwierige Abhängigkeitsverhältnis zur Mutter in der Jugend und im frühen Erwachsenenalter diametral entgegen. Aus der Unbehaustheit einer zu großen Teilen problematischen Kindheit und Jugend bahnten sie sich dennoch ihren Weg mit Unternehmungslust, Phantasie und Tatendrang. Der Lebensmut und die Widerstandskraft, die sie im Laufe ihres Lebens entwickelt haben und die sich in ihren Lebensläufen widerspiegeln, ließen sie schwierige Wege gehen und, wenn es sein mußte, immer neue Richtungen einschlagen, um einmal gesteckte Ziele zu erreichen. Als sei es die Vaterlosigkeit gewesen, die einerseits ein Stigma ihres Lebens war, andererseits eine besondere Herausforderung darstellte, ihnen die Kraft verlieh, ihren eigenen Weg zu finden, und sie zu besonderen Lebensleistungen beflügelte.

Cornelia Staudacher, geboren in Berlin. Studium der Germanistik und Publizistik. Arbeitete zunächst 1977–1986 als Deutschlehrerin. Seitdem Journalistin, Literaturkritikerin, Autorin von Rundfunkfeatures. Bis 1997 Mitherausgeberin der Zeitschrift *Litfaß*. Lebt in Berlin und auf Mallorca. Bei Arche erschienen: *Spaziergänge durch das literarische Mallorca* (2001) und *Albert Vigoleis Thelen.* »*Wanderer ohne Ziel*«. Ein Porträt (2003).

Das Gedicht *ende* von Elfriede Jelinek (Seite 7) stammt aus dem Band *ende*. Gedichte 1966–1968. Mit fünf Zeichnungen von Martha Jungwirth © 1980 Schwiftinger Galerie-Verlag für Bildkunst und Literatur. Wir danken dem Verlag für die Genehmigung zum Abdruck.

Cornelia Staudacher bei Arche

Albert Vigoleis Thelen
»Wanderer ohne Ziel«. Ein Porträt
160 Seiten. Broschur. 7 Abb.

»Cornelia Staudacher ist etwas Vortreffliches gelungen: Sie stellt
ihre Dienste als Biographin ganz und gar ihrem Beschreibungs-
gegenstand zur Verfügung, zeichnet kenntnisreich und klar kon-
struiert eine Landkarte seines Lebens.« *Saarländischer Rundfunk*
»Eine liebevoll gemachte Einladung, den Wort- und Lebens-
künstler zu entdecken.« *Norddeutscher Rundfunk*

Spaziergänge durch das literarische Mallorca
144 Seiten. Broschur
89 Abb. 8 Karten

»Cornelia Staudacher macht mit der Kulturgeschichte der Insel
vertraut und erzählt auf unterhaltsame Weise von den vielen illu-
stren Gästen, die hier Erholung suchten und oft auch künstlerische Inspiration fanden.« *Norddeutscher Rundfunk*
»Dieser informative und schön gestaltete literarische Reiseführer
sollte bei keinem Mallorca-Reisenden fehlen, zeigt er doch Facet-
ten der Insel auf, die dem Ballermann-Klischee so gar nicht ent-
sprechen wollen.« *Radio Darmstadt*